好人生
是设计出来的

宋政隆◎著

中国商业出版社

图书在版编目（CIP）数据

好人生是设计出来的 / 宋政隆著. -- 北京：中国商业出版社，2022.1
ISBN 978-7-5208-2013-4

Ⅰ. ①好… Ⅱ. ①宋… Ⅲ. ①人生哲学－通俗读物 Ⅳ. ①B821-49

中国版本图书馆CIP数据核字（2021）第262958号

责任编辑：刘毕林　刘万庆

中国商业出版社出版发行
（www.zgsycb.com　100053　北京广安门内报国寺1号）
总编室：010-63180647　编辑室：010-83118925
发行部：010-83120835/8286
新华书店经销
香河县宏润印刷有限公司印刷

*

710毫米×1000毫米　16开　13印张　200千字
2022年1月第1版　2022年1月第1次印刷
定价：58.00元

****

（如有印装质量问题可更换）

前 言

就在刚刚，我终于完美收工，把这本书的最后一个字敲在了文稿上。此时已是夕阳西下，明亮的落地窗，带着太阳最后的问候，折射进我的屋子，我静静地抿了口咖啡，带着欣赏者的心绪，将喜悦的情感融入这本书的字里行间。我希望其中的每一个字都是充满力量、能够逆转生命的。我希望它能作为一个媒介，将我与阅读者的心紧密地连接在一起，解答他们的困惑，走进他们的内心。或许此时的他们，正在期待一场震撼人心的改变，或许此时，他们对人生现状感到并不尽如人意，或许此时，他们对"人生大设计"这个命题深感好奇，抑或有些人，因为生命过于的混沌，而徘徊在失落的边缘。

不管怎样，我真诚地希望这本书能够给各位带来益处，让人生走到选择岔路口的人，能够以此作为工具，渡过内心的困惑，到达理想的彼岸。

其实，就人生设计而言，无非是要求我们对人生有一个更精准的把握，因为我们对自己是有要求的，有计划的，有系统的，有构想的。我们必须确认此生的终极目标是什么，然后秉持着这份信念，逐步建立起自己理想的骨架，随后将一个又一个小目标当成是每天需要攻克的关卡。这

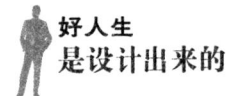

是一个不断为自己人生大厦添砖加瓦的过程,我们需要找到当下引发自己痛苦的症结所在,需要了解内心的需求,需要反复究问,为什么对当下的自己不够满意。我们需要明白这场变革的初衷,从而更有效率地优化设计。这时,头脑中的思路,开始越发地清晰起来,知道自己要改变什么,最坚强的助力是什么,怎样更有效率地完成蜕变,而整个流程中最精华的部分应该怎样经历。当我们将全部的能量都集中在自己的理想上,就会突然有一种天高云淡的感觉,心中的热忱油然而生,占据了我们内心所有的渴望。

人生设计是一个很好的命题,它会让我们更透彻地看清自己,看清自己的现状和需求,看清自己的过去和未来,它让我们明确了自己人生的拐点,让我们脚下的每一步都变得更加坚实有力。我们不再想当然地贸然行动,而是对每一个细节都深入准备,我们开始认清自己在不同舞台上所要扮演的角色,并倾尽全力地演好它。它赋予我们更多的勇气和信心,一步一个脚印地走向未来。我们会用心地推敲自己的每一段日子,将分分秒秒引入优化的步骤,直到完美的全局尽收眼底。我们或许会本能地产生亢奋,宛若此时的自己已经紧紧地抓住了未来的核心。它会自然地疏解我们内心的焦虑,让脚下的每一步路变得坚实。它会将我们的视角望向更远的远方,宛若吹起了号角,沉着冷静地扬帆起航。它会成为我们敏锐感知自我的工具,历练我们的包容心,然后全然地接受自己。此时我们终止了一切的挑剔和无意义的辩驳,开始不再挣扎,放开视角以信徒的心态朝拜心中的理想。每一次的努力都距离目标更近了一步,而每一次上路,都意味着与更好的自己狭路相逢。

想来这真是一件值得兴奋的事，它所蕴含的内容，犹如一本玄妙而精彩的小说，里面充盈奇幻的色彩，带着勇士般的荣光，一步步地照进现实。我们会经历很多的挑战、试探，在欲望与权利之间找寻着最佳的平衡点，我们会翻越一座座山，最终步入理想的洪流，我们会源源不断强大生命中精彩的成分，然后将它们连贯起来，谱写出一曲感动自己的歌。我们时而坚持自己的格调，时而转换着频率，时而死死地坚持，时而果断地放手，无论是怎样转换，都是人生设计中不可或缺的部分，最终成为一段段富有艺术色彩的美丽人生。

于是，我们的每一天都开始变得不同，我们浸润了自己的全部，在每一天的经营中不断追寻着梦的影子。我们用自己的行动落实着每一个目标，即便遭遇风雨也要鼎力前行。当然，或许此时的你会因为遭遇各种异样的情况而不知所措，也会莫名地深陷泥潭或是陷入瓶颈，你也会因突发的磨难而被蒙上了眼睛，甚至觉得整个世界都快要失控了。但是，请放心，倘若这个时候你能够回忆起这本书中的内容，力量很快就会重新回归你的世界，你会发现，其实眼前的情况并没有我们想象中的那么糟糕，那不过是一个重新调整的过程，我们只需要及时地给予它一个回馈，所有的劣势，都会伴随着智慧的融入成为新的起点。

这本书集合了我的教学经验，其中生动的案例都是我课程中学员的真实写照，实话讲，我从他们身上学到了很多东西，并且一度将我引入沉思。我开始意识到，人生设计的重要和伟大，它让我们在了解自我的同

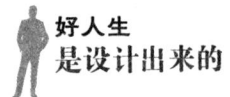

时,以更饱满的热情迎接将来,在过去、现在、未来的轮转中,及时地把握时机,朝着更精准的方向努力,让每一次努力,在不断持续精进的过程中,最终赢得丰硕的果实。而这一切的一切,都源自当下这个美好的开始,在你想要下意识做出改变的时候,人生设计的理想已经发挥出了它最积极的作用,它正一步步朝你靠近,并在你的信念中开出绚烂的花。

宋政隆

目 录

第一章　学会像设计师一样思考

以设计师的角度审视人生　　　　　　　　　　2

为什么有的"好学生"毕业后反而一事无成　　7

伟大的计划，先从认识自己开始　　　　　　　12

当你说："我也不知道自己该干什么"　　　　17

别误会，上天从不束缚任何人　　　　　　　　23

第二章　认真分析评估好你当下的生活

面对墓志铭，你想如何定义你的一生　　　　　30

勇于评估自我，直面真实自己　　　　　　　　35

满意，模糊，还是不满意？　　　　　　　　　40

能解决的问题和必须接受的结果　　　　　　　46

关于欲望与能力的天平　　　　　　　　　　　52

第三章　从现在开始，给予身心应有的重视

让大脑安静下来，心无杂念再上床　　　　　　58

身心合一的健康，会让人生豪情万丈　　　　　63

看清骨架，才能布阵全局　　　　　　　　　　68

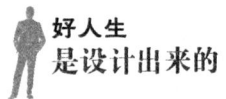

从解决问题到活出价值　　　　　　　　　　73

面对无常，别说你总是无能为力　　　　　　78

第四章　清单革命：从心驰的动机到持续的运动

"无知之错"与"无能之错"　　　　　　　　84

一份清单，一场此生真正的变革　　　　　　88

"关键点"而不是"大而全"　　　　　　　　93

分水岭：那些藏在情愿与不情愿中的艺术　　97

承担责任，拓宽你的可控领域　　　　　　　102

第五章　精准努力：努力和看起来努力是两回事

精准改变，然后掌控未来　　　　　　　　　108

如果生活值得过，就值得记录　　　　　　　112

想要奇迹发生，就要做好冒险的准备　　　　116

好运永远青睐有准备的人　　　　　　　　　121

当你想稳定的时候，斗志就在慢慢消退　　　126

第六章　时间管理：一个关于生命总和的"奥德赛"计划

别让选择耽误你太长时间　　　　　　　　　132

时间管理不是买本子的游戏　　　　　　　　136

欲望无限而时间有限，让身体量力而行　　　140

把时间分好类，然后全情投入吧　　　　　　144

一切阻力的超级变量——"行"　　　　　　148

第七章 情绪管理：建立负面情绪的有效防御机制

过于完美主义，理想会无限期拖延　　　　154

学会和自己的情绪好好相处　　　　　　　158

千万别在情绪糟糕的时候做决定　　　　　162

别让1%的情绪失控，毁了你99%的努力　166

千万别让别人牵着情绪走　　　　　　　　170

第八章 人际管理：人际网的品质决定了你的一生

人际关系的几种模式和层次　　　　　　　176

用好你的"关系网"　　　　　　　　　　　181

记得保持好你的"职业距离"　　　　　　　185

立刻停止无效社交　　　　　　　　　　　189

交朋友看机缘，但更要懂经营　　　　　　193

第一章
学会像设计师一样思考

每个人都是自己人生的设计师，流畅的弧线间，千丝万缕的端点，每一个细节都倾注了我们的良苦用心，当我们真正调换角色，以一个人生设计者的角度去思考问题的时候，突然发现，原来人生的格局，也可以在这番自由的转换中变得如此绚烂。

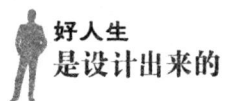

以设计师的角度审视人生

曾经看过一个电影,讲的是两个老人因为身患绝症而住在了同一个病房里,整个房间充斥着死亡和绝望的气息,这时,一个老人默默开始在桌子上写写画画,而另一个则好奇地凑上前去,发现原来对方在撰写着一份清单,这是他人生中最后的愿望,文字中充满了善意、期许以及对自己生命的惋惜和热爱。而另外一位老人,就这样凝视了他许久。最终,他们做出了一个疯狂的决定,那就是带着即将离去的身心,奔赴一切他们曾经想去而又不曾去过的地方,他们在谈论死亡的时候,犹如商量一顿午饭,而他们面对世界的态度,也因为死亡这份礼物而变得越发喜悦和浪漫。老实说,当我看到故事的结尾,眼泪忍不住夺眶而出。人生对于每个人来说,看似公平,又是多么的耐人寻味,而就哲学角度而言,生死对于每一个人来说不过是行程的两端,而中间的内容,从来都是把握在我们自己手里的,我们本可以为自己而活,但又有多少人愿意拿出这份勇气呢?

曾经遇见过这样一个女士,她说自己的每一天都过得万分焦虑,原因就在于自己怎么也找不到生活的价值。她对我说:"您知道吗?简直太可怕了,我每天睡眠时间超过了十二个小时,而醒来的时候,还是恍恍惚惚地不知道应该做什么,这样的日子已经延续了一年的时间,整个人都要废了,所有人都说:'你手里的钱够花,你每一天的一切都可以随性发挥,还想要什么呢?'但他们根本就不了解我的苦闷,我找不到自己存在的意义,每天都是在混日子。哦!我的天,我到底能为自己做些什么呢?"听了她的话,我一脸茫然,在这个时间节奏如此紧凑的时代,谁都希望能够拿出更多的时间回归自我,可并不是所有人都有这个能力在每天二十四小时的生活中全然地把握自己。我对这位女士说:"此时的我觉得您是如此的幸运,因为您有充盈的时间和机会来设计自己的人生,在完整的一天中,您绝对可以自主地在任何时间段做自己想做的事情,这是很多人可望而不可及的。"

"但我究竟能为自己的人生做点什么呢?我从来没有想去设计什么,因为我的大脑中根本没有构思图纸的能力。"这位女士略带忧伤地接着说,"也许我真的算不上一个能够精准把握自我的人,时间就放在眼前,我也因为这笔丰厚的财富过得发慌,每当感觉到它的流逝,自己的心就会咯噔一下,难不成自己就要无所事事地老去?""那么您觉得您的兴趣点在哪儿呢?"我继续问道。"设计人生恐怕并不是一件与兴趣有关的事。"女士说道,"因为很多兴趣,对于人生进程而言没有任何意义,那是一种既花费时间又不落好的无用功,花费的时间越多,越是会让自己沉浸在愚昧的混沌中,至少我会是这种感觉,越做越没了心情,越做就越觉得乏味,直到

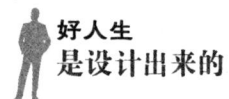

最终毫无成就可言,更不要说什么艺术感。"

听了她的话,我摇摇头对她说:"或许设计人生也可以是生活中一项重要的游戏,您自己就是游戏中所有的角色,而这些角色会推动您成为更好的自己。"

谈到人生设计,很多人都觉得那是一份关系到整个人生体系的重大工程,需要自己拿出特定的时间,好好地编排一番,甚至有些人对于这件事根本就不相信自己,就问题的决断力而言,他们始终对自我秉持着怀疑的态度,觉得凭借一己之力,根本无法设计出一个多么完美的人生。而事实上,设计师的灵感随时都可以在生活中显现,只是我们从来没有意识到,这些瞬间而逝的思想,是怎样一股神奇的能量,值得我们用自己的一生去坚持。所谓梦想,无外乎是对自己人生方向的审视,这就好比一本书的"标题党",因为它给自己的意识冲击太过强烈,足够充实到命理的整个人生,有了它的指引,让我们对人生产生意义,觉得自己本应该成为自己更满意的样子。所以从那一刻起,一步步地进行计划和推演,就在内心意识激荡的一刻,一点点地涌现于脑海中,并化作行动,作用于当下和未来。

很多人说,人生设计是一件关乎未来的事,但事实并非如此。完美的人生设计,往往是和当下的自己接轨的,过去的经验将会铸就当下的选择,而当下的选择又潜移默化地影响未来,每一个当下都会成为过去,而每一个未来也会很快转为当下,我们如此渴望,企图用规划的方式洞察明天,把握那一个个未知的环节,尽管就生命的流程来说,生死就是旅程中难以变更的部分，但过程的计划，却可以伴随着灵感让精彩喷涌而出。每当想到这些，心中的喜悦就会充斥内心，我们渴望能够在有限的生命中活出自己理想的样子。之所以有人成功而有人不成功，主要原因不仅仅源自障碍，而是在于他们没有真真正正地完善好"生命大设计"这个主题，因为各种原因，他们中断了这项必要的旅程，最终顺着没有方向的风，把自己吹向了自己都不知道是哪儿的地方。

想要精准地构建自己的人生体系，就要学会以设计师的眼光审视人生，所有必要的元素都会考虑进去，面对生命的取舍，也要毫不犹豫地做出选择。这个世界诱惑太多，选择太多，但时间是有限的。想要成就人生的终极梦想，就需要准确无误地告诉自己，它到底是什么，自己的什么特质与之相匹配，它会给你带来什么，它是否能真正意义上让你看到自己的价值。它是光鲜的还是模糊的；它是可以修改的，还是必须执行的；它是可以优化的，还是需要摒弃的；它是属于自己的，还是源自别人的。

一系列的问题考虑清楚以后，便会在自己生命的空间格局中建立起自己的设计方案。比如，整个人生的基调是什么样的？如何真正意义上认识自己？如何将不必要的东西清理出自己的世界？如何优化空间的使用格局？怎样能够在自我的世界中源源不断地增加创意？如果一切都接近满意，便可以全然地沉浸于挑战和成功的游戏当中，将一系列的美好编撰进自己的人生。

这看起来不过是几个简单的步骤，但学问却是深远的，它需要我们首

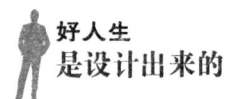

先成为一个了解自己的人,如果想要再把格调调高一点的话,它还需要我们成为自己的挚友,我们需要认真地聆听来自心里的声音,同时还要秉持敢想敢干的创造力,这对于一个伟大的自我设计者而言,绝对是不可或缺的智慧元素,他不可能忽略其中任何一个环节,因为他知道他把握的不是别的东西,而是关乎自己命运的整个人生。

为什么有的"好学生"毕业后反而一事无成

前段时间跟一个朋友一起走在北京繁华的街市上,当时刚好是傍晚,大街上车来车往,人头攒动,本来办完了事情是想一起找一家馆子好好庆祝一下的,不料,朋友竟突然在路边停住了,顺着他驻足的地方一眼望去,他的眼睛始终都没离开那个车管员,我走上前去和他一起看了看,问道:"你认识他?"朋友感慨地说道:"岂止是认识,他当年是我们班级里成绩首屈一指的班长。那时候的我,和他没法比,怎么现在竟然混到这步田地。十几年过去了,人的命运实在太有戏剧性了。简直不可思议!"

后来,我们转过身走了。一路上,朋友都在说着那些过去的旧事:"你知道当年的他,学习始终是班里最好的,老师眼中的骄子,所有人倾慕的学霸,而我却经常是被老师拉起来罚站的贪玩学生,那时候班里的同学都说他以后会很有出息,而我则是别人眼中毫无希望的小混混。老实说我也想不到自己会有今天,可是我更想不到他会有今天。时过境迁,当时真有一种冲动,想要拉着他喝上一杯,可究竟见了面又能谈什么呢?是听他抱怨人生,还是炫耀自己的优越感?"

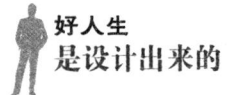

好人生
是设计出来的

　　我这个朋友，年薪丰厚，手里管理着五家上市公司，每家公司的业绩流水都非常的可观，算是一位事业有成的企业家。听到他当时的感慨，我自己也是唏嘘不已。可细细想来，这也是常态，多少当年成绩优异的学霸，如今步入茫茫人海，他们跟常人一样吃着一碗不如意的饭，经历着事业的艰辛，甚至将人生混得一败涂地。他们从神坛上陨落，过着平淡无奇的生活，一生碌碌无为，早就淡去了曾经的光彩，可到底问题出在哪里呢？是他们不够努力，还是哪里做得不够好？

　　曾经就问过这样一个典型的"好学生"，他说上学的时候，自己一门心思只有学习，却根本不知道究竟是为什么学习。他对我说，对于他自己而言，这辈子唯一掌握的技能就是考试，不管是什么考试，他都可以很轻松地通过，可考试完成以后，真到自己步入社会的时候，他突然觉得自己唯一的本事失灵了。作为一个没有价值取向的人，他对自己擅长的内容一无所知，甚至连一个完整的兴趣爱好都没有，那些书本的知识渐渐从社会中淡去，而他根本就不知道该如何有效地调动自己的实力和资本，甚至不知道什么样的工作才算是一份好工作。

　　于是学着别人的样子，在大学报了一个别人看来就业紧俏的专业，然后进入了一家别人看来业绩了得的公司。可是入职后的自己根本无法适应环境，在职业中找不到归属感，于是每天都在那里混日子，看着别人干什么，自己就干什么，每天的日子就这样在平淡无奇中消磨着。直到有一天，公司因为各种原因需要裁员，他首当其冲就被拉下了马。他说："对于一个有前瞻性的人而言，工作延续的是他们的人生理想，而对于一个对职业没有要求的人来说，工作也不过是个谋生的手段罢了。"秉持着这样的想法，他在该积极的时候选择了退缩，在该努力的时候选择了懒惰，该自信的时候选择了抱怨，该闯荡的时候选择了安逸。时间就这样在他们的选择中蹉跎，他们最终没有活成自己理想的样子，而那"好学生"的光环也因此成为历史，不断的沉睡，陨落在深不见底的寂静之处。这时候才突然发现，原来人生不仅仅是一场考试，它所蕴含的内容实在太深远了。

相比之下，有些所谓"坏学生"却在步入社会的瞬间，鼓足了奋起直追的勇气，因为目标明确，行动力果断，所以他们很快在社会上找到了自己的位置，他们一路晋级，成为自己心中最满意的样子。尽管当年的他们是所有人眼中的"问题学生"，但鲜明的个性和价值观念，反倒成为他们领先于众人的优势，这让他们为自己争取到了一张晋级成功人士的门票。以至于多年之后，大家再去回味他的人生，总觉得这个个性鲜明的人，整个生命都充斥着传奇的色彩。

我至今还记得，当年上学的时候，别人都在那里使劲地拼着代数几何，却有这样一个特立独行的"问题学生"，时不时地会被老师叫起来罚站。用老师的话说，上课不认真听，尽看点子闲书。而当我下意识接近他的时候，却发现他全身心沉浸的是一个无比绚烂的文学世界。尽管当年他对课堂上讲的一切一无所知，每次被叫起来都是一副丈二和尚摸不着头脑的样子，但毕业以后，在那个大家都不再计较代数几何的时代，他活出了自己的精彩，他转身蜕变成为一名畅销书作家，文字辞藻嬉笑怒骂，让人看了拍手称快，笔头流露出人生的潇洒快意，以至于多少人都拍着脑门惊

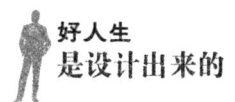
好人生
是设计出来的

叹道:"这小子哪儿来的才华?够劲儿,实在太够劲儿了。"

当然,我们并不是鼓励现在的孩子都不要努力学习了。但这里想问一句的是,在那个大多数人都不知道自己未来能做什么的年代,你对自己的人生做出过选择吗?你知道自己喜欢什么,擅长什么吗?对于未来所从事的行业,有没有过系统的规划?而面对理想,你知道自己的着眼点在哪里吗?对于一个方向明确的人来说,他不会有半点迟疑,想要比别人成功,就要比别人更有远见,行动力上也更为精准,他们始终都知道自己要成为什么样的人。尽管面对不擅长的几何题他们会羞怯地一笑而过,但对于未来人生的部署,却从来不会含糊其词。因为他们比任何人都知道,什么样的人生更值得一过。

很多人说,人生恍然一梦,它演绎的方法却不是我们想象的样子,想要活出精彩,就不要总是将自己的优秀定格在某个瞬间,而是要有长远的前瞻性。我们需要更深入地了解自己,知道自己未来的方向,提前培养好应有的技能,而不是刻意要扮演成别人眼中优秀的某某。作为一个年轻人,如果你活到十八岁都没有思考过未来想干什么,即便成绩再优秀,面对人生的选择也是茫然的。那不过是表面上看起来的努力,却在其中看不到更坚实的脚印。一个对未来没有要求的人,一个在选择路上优柔寡断的人,在社会上是很难吃得开的,没有自己的方向,只知道跟风就倒,这样的人生是没有指望的。因为你根本就不知道哪条路更适合自己,也不知道努力的目的是什么。对于这个世界来说,成为一个优秀的读书人容易,但成为一个优秀的人才,就不是只有会读书那么简单了。未来的人生,面对的是风雨兼程，机遇对我们每个人都是有要求的，它不在乎你获得了几个"三好学生"称号，而只看中你有没有解决问题的能力，它考验的是一个人的格局，而并非只是成绩单上有几个 A。当学生时代成为历史，社会的大学会教育我们很多东西，倘若这时候你对自己连一个精准的定位都找不到，那可就别怪它给你脸子看啦！

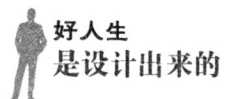

伟大的计划，先从认识自己开始

作家三毛曾经说过这样一句话："所有的人，起初都只是空心人，所谓自我，只是一个模糊的影子，全靠书籍、绘画、音乐、电影里他人的生命体验唤出方向，并用自己的经历去填充，渐渐成为实心人。而在这个由假及真的过程里，最具决定性的力量，是时间。"由此看来，起初我们每个人的人生都是一张白纸，因为选择的不同，白纸上诠释的故事也就各有不同。很多人觉得自己的人生应该是精彩的，但不知怎么回事儿，文章写着写着就没了墨水。有些人起初笔尖是青涩的，但越写越沉稳扎实。当然也有些人，面对空白始终犹豫不决，最后憋了许久，也没写出几个字。最终交卷的时间到了，整个人才跟着焦急起来，这时才意识到一切都还没准备好，但一道道关卡就深深地卡在那里，时间是如此的公平，从来都容不得半点矫情。因为没有时光机，所有的当下都将成为过去，即便是可以倒退，本着这股徘徊不觉的劲儿，想必也给不出什么太好的答案。于是有人对自己说"一生安稳就好"却突然发现自己的人生始终都在悬空的边缘，它总是被这样那样的问题困扰着，而自己所能为自己做的，实在太少太少了。

可事实真的只能如此吗？就人生而言，虽然我们无法改变过去，却可以更有效率地驾驭未来，对于每一个当下而言，每一缕呼吸都是崭新的。我们随时可以带着全局观定义自己的明天，设计出一个精彩的活法，然后全身心地投入，在游戏中玩出惬意，绚烂潇洒。我们可以用一个个的小目标形成燎原之势，一步步地灼烧内心的渴望，即便是人生中真有不如意，也依然不会停下自己稳健的步伐，因为一切已经规划好，准备好，再不需要有任何的迟疑，我们只需要为自己负责，迈开自己坚实的脚步，作为自我设计的见习者，将体验渗入其中。我们知道怎样才能找到自己的最佳状态，想要达成极致，自己应该朝着怎样的目标坚持努力。

其实，想要活出成功的人生并不难，难的是你对自己始终都没有确定的方向，发散式的进攻是实现不了结果的，与其让能量就这样吸附消散，不如竭尽全力，朝着一个方向奋起直追。倘若这时你的目标足够精准，又对自己满怀自信，便可以在机遇降临的时候，挥出自己漂亮的全垒打。人们常说知己知彼百战不殆，人生最大的对手就是自己，倘若此时的我们对待人生的挑战，毫无准备，那除了认输应该就不会再有别的选择了。

想要赢，至少要知道自己的优势和劣势是什么？知道自己重头资本是什么？解决问题的策略是什么？我们需要知道哪些是自己通过努力能够得到的，哪些是需要自己面对现实坦然接受的。我们需要知道自己未来的格局在哪里，适合的职业在哪里，丰硕的成就感在哪里，幸福的状态在哪里。我们需要完成一个又一个的自我超越，从每时每刻，到每分每秒，我

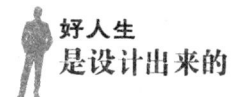
好人生
是设计出来的

们需要对自己的每一天进行精准的计划,然后将那个完美的自己照进内心,我们知道,美好的一切都在一点点地向我们靠近,未来的路也因此越发的坚定而清晰。

曾经有这样一个女孩儿,大学毕业以后,家里给她安排了好几份工作,但最终都被她婉言谢绝了。因为这件事,父母急得跟她发生了好多次争执,但她都不卑不亢地承受下来,丝毫没有妥协的意思。有一次爸爸发着脾气对她说:"你到底想要什么样的工作,难不成还想上天吗?"女孩儿平定了一下心绪说:"您给我找的工作,日后的发展前途我都不看好,一个不留神,就有可能错失了整个未来。尽管现在看起来是挺体面的,但倘若光鲜不到几年,就会沦为被这个社会淘汰的人,那这样的工作不去也罢。"

爸爸听了以后更加生气了,问:"你说说你的道理!"女孩儿很平静地说:"首先,找工作不能找一个谁上去都能干的差事,入行越是简单,别人想要替代你也是越容易。其次,如果这个时候对方还要买断你的青春,那就更可怕了。您想过没有,当一个人青春不在,而自己的岗位又随时会被人替代,到那个时候,他还能为自己做些什么?倘若将人生的大好年华,就这样随便辜负,没有梦想的日子活起来也是空洞的。如今,时代在大跨越式的前进,很多行业都会被科技所取代,如果这个时候我们选错了行业,那么很可能就会面临下岗的危机。当这个行业彻底退出历史舞台的时候,自己的职业生涯也就跟着断送了,没有青春,没有实力,到那个时候再后悔就来不及了。"

"那你想找什么样的工作？"父亲的情绪还是没有平息，他愤愤地接着说，"现在有个工作就不错了，还那么挑。""我要找到一份适合自己的工作。"女孩儿说道，"即便刚开始的时候工资低一点，但我知道一切都是暂时的。那将是一份具有发展前途的工作，是适合我全方位展示个人优势的工作。相比于您给我介绍的工作，我觉得文字事业更适合我，在我看来，只要人活在这个世界上，就永远无法抗拒文字的魅力，它不但能够陶冶人们的性情，还能带来欣喜和希望，这是一份振奋人心的工作，也是不容易被人替代的工作，因为创意是自己的，思路是自己的，如果我能拿捏住自己的才华，就一定可以拥有一个美好的未来。"

"你这完全是理想主义。"父亲没好气地说。"可是我知道我想要什么，因为我比任何人都了解自己。"女孩儿说道，"我相信，我将会为自己做出最好的选择。"后来女孩儿进修了电影学院的戏文系，将简历投到了一家影视传媒公司。她富有灵气的内容构思，最终征服了公司所有人的心，她就这样入围，成了业内小有名气的"剧本杀"创作者。再后来，女孩儿有了属于自己的团队，大家一起探讨剧本一起构思故事，打造出了一系列经典的作品，而她也迅速脱颖而出，彻底实现了财富自由。看到女儿的每一天都过得如此快乐充实，爸爸会心地笑了，他说："还是你为自己选的路好，没有谁比自己更了解自己，该着你吃这碗饭啊！"而此时的女孩儿倔强地嘟起小嘴说："路是我选的，自己的人生当然要由自己做主啦。"

小时候我们总是会对大人说："长大了以后我要成为……的样子。"尽管那时候，我们对自己心仪的行业并不了解，但每当看到它光鲜地屹立在

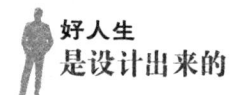

舞台之上,内心还是充满了向往。而当我们的意识逐步健全,羽翼也开始丰满,生命的角色在脑海中也跟着越发深刻起来。所以,不如现在闭上眼睛,问问自己,究竟想要活成什么样子。然后对自己说:"我完全有能力活出那个样子。"然后逐一地将目标落地,将梦想一步步地照进现实。

  这个世界很包容,也很宽广,只要你用心地寻觅,就可以从容捕捉到自己心仪的角色。之所以很多人在这件事上有失高明,是因为他们对自己不够自信。因为对自己没有透彻的了解,所以对于自己的优势和资本总是模糊的,他们遇到变动会恐慌,遭遇困惑就彷徨,却从未意识到自己身后那双坚实的翅膀。认识自己的过程,就是一个不断向内挖掘的过程,在这个过程中,你会不断寻觅到惊喜,发现自身的潜质,在提升自信的同时,开始尝试一些更具挑战性的事,这一系列的改变都铸就了我们未来的强大,一步步地耕耘,让每一步都变得坚实有力。这不禁让我想到了日本著名作家东野圭吾的一句话:"我随时都有可能失去生活的勇气,但每当想到自己看过的书、行过的路,整个生命就会瞬间充满神奇的力量。"每个人都要有认识自己的勇气,唯有清楚地洞察资本,才会在一步步的自我落实中底气十足。那是我们给予自己最美的馈赠,就现在,不妨尝试着在人生设计的纸卷上为自己写点什么吧!

当你说："我也不知道自己该干什么"

曾经跟一个女性朋友聊天，当说到人生的规划问题的时候，她喃喃自语道："看到你们这些成功人士，说实话，我心里可羡慕了，我也希望像你们一样光鲜地站在领奖台上，将万丈高楼尽收眼底，那种豪情，那种自信都令我由衷地倾慕。""其实每个人都可以的，"我鼓励她说，"找到一个自己喜欢的领域，然后全身心地投入进去，将它看成是生命中每天都要玩儿的游戏，尽可能让自己玩儿得漂亮，玩儿得有激情，然后带着些许的小完美主义，一切就是如此简单。"

"可是，我现在面对一个很难启齿的问题！"朋友的脸一下子红了起来，"其实，我一直不知道自己该干什么，能干什么，我找不到一个支点，也看不清你说的可以沉浸进去的领域，我每天的生活就是忙忙碌碌，但是忙碌中没有真正的重心，好像一切只是因为忙碌而忙碌，却从来不知道自己为什么要忙碌。所以总觉得自己活得很失败，缺乏必要的激情，我很难全身心地沉浸于一件事情之中，总是找不到自己的兴趣所在，而心中到底想要什么，可能连我自己都说不清楚，所以眼前的世界对我来说，除了迷

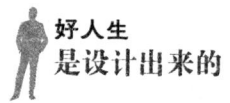

茫,就只剩下迷茫了。"

当一个人知道自己生而为人的目的时,他才更容易寻找到自己存在的价值。这个世界,需要清醒而理性的头脑,而大多数人的生活状态都是半梦半醒的。他们每天像别人一样起床,像别人一样吃饭,像别人一样上班,像别人一样休息,随后找了一个似爱不爱的人结婚,又毫无准备地生下孩子,而对于自己想要什么,所要承担的责任却始终没有一个明确的认识。因为不知道想干什么,所以只能模仿着别人的样子生活。别人眼中的价值,就是自己的价值,别人眼中的日子就是自己的日子,别人心中的排斥就是自己的排斥,而别人眼中的自己,才是现实生活中真实的自己。于是就这样,他们失去了特立独行的自己,成为混迹于人间剧场的群众演员。他们无意识的喜怒哀乐,渐渐地断送了仗剑天涯的勇气。

还有一种人,情况也是非常的可悲。他们拥有非常体面的生活,从小就不缺少金钱和赞美,他们是别人眼中值得羡慕的对象。但是随着年龄的增长,他们始终都不快乐,因为他们不知道除了钱和领受赞美以外自己究竟还能做些什么。他们找不到提升自己格局的方向,总觉得一切都在一个特定的框架中停滞不前。他们每天浑浑噩噩地过日子,堪称优势的是,他们具备如此过活的资本,金钱的味道让他们产生了愤世嫉俗的想法,而无休止的绝望却无法让他们看见更远的将来。他们说:"对于一个身在福中不知福的人,没有人会理解他的苦恼。"因为生活过于闲散,他们反而将羡慕的目光，投向每一个为生活忙碌的人。"这样的生活多好，每天都在为自己忙碌着，或许这样的人生更充实更快乐吧，不像我，始终不知道人生的意义在哪里。"他们喃喃自语道，"又有谁能体会我的孤独和无助呢？"

由此看来，就人生设计这件事儿，与金钱无关，却与我们对自己人生的态度有关。这个世界很开放，只要我们肯努力，就一定可以活出生命最佳的状态。但对于一个始终都不知道自己想要什么的人，想要实现这个目标，就变得不那么容易了。面对人生，我们随时可以做出自己的选择，按照自己的想法去经营自己，我们可以选择自己喜欢的工作，找到合适自己的节奏，既可以选择在家赚钱，也可以在职场上一路徜徉，或者你的内心就是崇尚断舍离的极简主义，面对奢华，内心依旧毫不动摇。总而言之，只要想要，就会有目标，你只需要朝着确定的方向努力，时间长了，总会有效果的。可怕的是自己始终都不知道自己想要什么，只能举棋不定地在一边观望，好像一个人悬在了半空中，少了信念的支撑，感觉人生的一切都失去了意义。而事实上，人生的意义从来都不取决于别人，而是完全归属于自己。倘若在合适的时候，我们对于自己的意义不够了然，即便是想要改变，过程也是相当艰难的。

既然问题是客观存在的，积极主动的人，一定会迫切地想要寻得解决它的答案。老子说图难于其易，为大于其细，如果真的找不到自己可以做的事情，我的建议是从以下几个方面寻求改变。

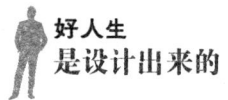

好人生
是设计出来的

第一,看清自己的优势劣势。

准备一张纸和一支笔,中间对折,将自己的优势劣势用最直白的方式写出来,不论是从性格,还是从爱好,或者是从分析问题的能力,总之想到什么就写什么,力求将自己的优势写满整张纸的半边。做完这件事以后,我们可以将这些内容串联起来进行系统的分析,看看这些优秀的特质适合从事怎样的行业。这时候我们可以打开网页,搜索这些职位的相关信息,看看它具有怎样的上升空间,职业要求的细则是什么,哪些是自己先天具备的,哪些是自己可以通过后天努力改善的。当然我们也需要正视那些无法达成的内容,如若这时遇到症结,就停下来进行自我分析,看看自己是应该坚持,还是考虑调换一个更适合自己的方向。这样一来,我们的职业取向就会变得更鲜明,我们对自己心仪的职业也有了一个更为直观的认识。如果这时你觉得,自己完全可以胜任这份工作,便可以更进一步地提升自己,拿出勇气勇敢尝试,因为已经对职业的不同段位有了透彻的了解,所以付出努力的时候,就会更有针对性,也更贴近于职业的需求。

第二,广泛地阅读。

对自己能够做什么有了一定认识以后,便可以通过阅读的方式与那些领域内高段位的作家"神交"。他们会在文字中告诉你很多东西,自己曾经走过的路,踩过的坑,自己灵光闪现的一刻,和富有智慧的自我运作模式都会是你在后续职场准备中最好的借鉴。在这个纯粹的私人领域里,一切的内容都是由自己把握的。广泛地阅读犹如站在巨人的肩膀上看世界，如果你用心寻找，总能够找到自己最满意的答案。你可以在文字的指引下，有条不紊地制订属于自己的方案，掌握相关的知识，并不断地寻求各种实践路径。老实说，这是一项非常完美的自主游戏，随着智者笔尖下流动的音符，你所要做的，所该做的，所必须做的事情会一件件浮出水面，而这一切都是给予人生最美的养分，让你看到自己的价值，从而更好地领受生命的福祉。

第三，锻炼身体。

当一个人不知道该做什么的时候，他的状态往往是放空的，这也意味着此时的自己，认定不可以再继续这样盲目下去，就一定有能力为当下的自己做点什么。这是一件简单而富有效率的事情，你可以随时随地完成它，不需要花费高昂的时间成本。每当陷入紧张情绪的时候，只需穿上跑鞋，或是下意识地做几个蹲起动作，用运动的方式给身体做个拉伸，然后通过合理的饮食起居，让自己的生活变得日趋规律起来，这时候你会发现，即便是在手脚悬空的境地，只要先让身体活跃起来，对一切的主控权就会快速回归。当肌肉在锻炼的过程中日渐紧实，漂亮的腹肌和马甲线轮廓清晰，你对于生活的热情会自然地彰显出来，而就生活而言，这是一个美好的开始。

人生的主控权从来都是把握在我们自己手里的，关键要看你怎样去经营，就人生的选择来说，它的维度很宽，始终带着富余的空间，每个人都

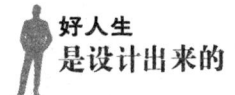

可以从中探出一条属于自己的路，关键是，你要以什么样的信念和状态去面对它。所以别说自己该做什么，能为自己做的事情实在太多了。从现在开始，回归自信，找到自己热衷的领域，当心中美好的一切如约而至，相信你会珍惜这份人生的设计，它会带你走上一条全新的路，而其间一路的风景，将会是上天赐给我们最美的礼物。

别误会，上天从不束缚任何人

很多人把不能成就职业理想的原因归咎于天分。他们总是说："哎呀！老天爷没给这碗饭，我又能怎么办？上天从来没有倾慕过我，所以我也没必要拼命地与自己挣扎，这样只会让我在选择的路上遭遇更多的难堪。所以随大溜应该是一种最保险的自我运作方式，尽管我会被其中的很多内容束缚，但大家都在做的事情，我跟着做总是不会有太多问题的，一旦出问题，死的又不只是我一个，别说我这是阿Q精神，我这才是真正对自己负责啊！"

每当听到这样的话，我心中就会产生疑问，抛开上天是否存在不谈，这个世界真的会有什么特殊的能量，专门用来束缚你的双脚吗？世界如此辽阔，天高云淡，一朵不起眼的小花都能绽放得熠熠生辉，作为人，又有谁能剥夺你对自己的主控权呢？从心理学上讲，每当我们将一些事情认定为上天的束缚时，往往就是对自己能力产生不自信的开始，我们对梦想的实现无法报以坚定的态度，因为自己的心里有了障碍，所以障碍才会此起彼伏，每当我们想将责任一推六二五的时候，就会想当然地将问题归咎于

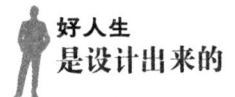
好人生
是设计出来的

上天的安排,这无非就是为了寻求一个心理上的慰藉,不至于因为自我逃避,而在心中延续痛苦和纠缠。

其实在我看来,上天始终都是一个很宽泛的概念,它的世界很大,大到超乎人的想象,它承载的世界如此丰富,若是说它专门跟你作对,那是断不能够的。因为那将意味着一场失去,失去它对于整个世界的美好勾勒,站在人性的角度来说,这当然是不划算的事情。而生而为人,我们每天都在寻找着答案,我们在不断寻觅着自己的角色,然后全然地沉浸其中,透过它看到真实的自我。我们渴望在人生的舞台上被仰视喝彩,如若我们活出了自己最满意的状态,我想上天一定是坐在台下鼓掌的那一个,它希望每一个人都能活得开心,这也是它创造世界真实的本意。它早就将人生的主控权交到了每个人手里,也将他们各自的渴求,快乐,喜悦,悲伤,如实地倾注在他们对自己的设计上。毫无疑问,每个人都应该担负起属于自己的责任,所有的人生设计,都源自我们对渴望的延续,它满载着自信和愉悦,述说着美丽的憧憬,它包含着行动的热情,追逐着心目中最理想的价值。即便这种寻觅在有些人看来是荒谬的,但对自己来说,却是生命中最奢华的礼遇。原因很简单,一切都出自我们自己,我们已经给予一切最好的安排,而剩下的时间,只需要完全沉浸其中就好了。

就理想来说,我们的选择是宽泛而自由的,尽管每人对生命的理解不同,但所有人都能为自己选择一条最适合的路,那是一趟更为丰盈的旅程,一个更令我们满意的人生。我们随时都可以调整它的频率,将节奏落实在自己最舒适的格调上。我们因心的充实而得以正视生命的流动,这时才发现原来自己才是自己最忠实的陪伴。即便穿梭于红尘,却始终遵循着自己的游戏,其中所有的规则,制度,关卡,都完全可以由自己设定。就此,一切生命的遇见,都是最好的遇见,所有的挑战,都是绝佳的机遇,而对于一个内心渴望自由的人来说,倘若自己无意拴住手脚,天地之间所有的门都是向自己敞开的。

我不能说在有限的生命旅程中,你不会经历任何的困境与折磨,更不敢在运气这件事上妄作断言,将空洞的内容拼凑成一个真实的神话。但这一切并不意味着你在与自己作对,也并不意味着你将失去人生的全部。如果你坚信选择的权利就在自己手里,那它就一定会在你的手中。

所以,现在下意识地想想看,倘若人生不过匆匆一瞬,你将如何安排生命的戏码?你渴望拥有的境界是什么样的?而有限的每一天又该如何度过?这时有些人会说:"跟着感觉走吧,人的命天注定。"但对于一个鲜活的生命来说,感觉的真实更能够激发他们对生命的热望。那是一个自己能体验得到的人生,一个真实场景下的自己,但凡是全情投入的人,都能从中找到自己理想的答案。于是生活开始在他们的计划中,一步步地勾勒出来,随后便是无怨无悔的行动,因为一切都是自己选的,所以目光才会如此坚定,一定要将内心的蓝图,在真实的世界完美呈现。

上天没有捆住你的思想,你灵动的创意始终是鲜活的,上天没有捆住你的身体,而在于身体的每一个关节都是如此地充斥活力,你完全可以通过自己的脑力和行动力获得更好的生活。而你与梦想之间,缺乏的很可能只有一个计划而已。每当步入十字路口,欲望和纠结就会紧紧地缠绕着我

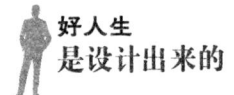

们，究竟是向左还是右，不管往哪个方向走，似乎都难以避免要经历一番考验，这时常会让我们产生一种身不由己的感觉。面对生命的选择，不论我们再怎样谨慎小心，还是会因此而失去一些东西，当我们选择一条路奋力前行的时候，自然就会放下其他的选择，并不是因为这些路径不够美好，而是因为自己所能为此付出的时间和精力实在太有限了。我们必须对自己的选择全然担负起自己的责任，唯有敢于肩负使命的人，脚下的路才会走得坚定而长远。而当计划落成，沿途一路的风景就都成了最好的安排，因为选择了它，所以要由衷欣赏它。而当我们全身心地沉入其中，游戏的精彩会让我们忘记很多的留恋，我们一路闯关前行，时时刻刻为自己掌舵，而这些都是人生路上不可多得的体验，我们会学到一些东西，舍弃一些东西，拥有一些东西，忘记一些东西。因为一切准备就绪，人生就不再迷茫，每一步的脚印都在考验着我们计划的精准，这是一场别开生面的探险，也是一个人遵照自己安排落实的活法，但前提是，我们要为自己开一个好头，如若真的想要改变，那么这个头就显得更为重要了。

机遇只在一瞬间，而上天始终用它的慧眼平静地看待世界，想要让自己活得更好些，首先要做的就是完成自己的人生设计。我们要让一切变得有趣起来，有趣到连上天都为这个计划所打动。生命的鲜活会让我们因此而得到很多东西，而这份作业最终的验证者，也还是我们自己。想要成为怎样的人，想要成就怎样的事情，怎样将计划按部就班地落地，出现紧急情况的时候如何应对？从一个中心思想，细化到生活的每一天，每分每秒的坚持，都会让我们在得到成果的同时变得越发坚定，而这一切都源自我们的初心，如若这个美好的初衷能够始终不变，那跟它有关的一系列成果，就会与我们如影相随。

或许有一天，当你回味人生历程的时候，会惊奇地对自己说："哇！这个为自己理想而坚持奋斗的家伙实在太有趣了，一步步地坚持到这里，无意识之下也创造了这么多可能，这样的游戏成果还真是惊人，而这些细节中的内容和规则，随便串联一下都能构思成一本精彩的小说啊！"想想吧，倘若你真的把人生活成了如此有趣的模样，又有谁会忍心牵绊你的手脚呢？

讲到这儿，亲爱的各位，明白其中的道理了吗？做好自己的功课，让人生像星星一般闪亮，我们早晚会成为闪闪发光的人，打造出一个连上帝都拍手叫绝的活法。在有限的人生中，它可以是诗的模样，可以是歌的模样，可以是剧本的模样，抑或是尖端智能的模样，但不管模样怎样转变，我们都可以从中源源不断地获取幸福感，我们需要将美好的氛围不断地延续下去，直到理想落地生根，直到设计伸展枝丫，我们源源不断地为自己的信念守望着，全然沉浸的感觉让我们更贴近自己的内心，而这就是我们真实的生活，一个由我们自己精心设计出来的完美旅程。

第二章
认真分析评估好你当下的生活

好高骛远，回忆陨落，这些都不属于你当下的生活。人生一呼一吸是在当下，念头转变在当下。不要说过去经历了什么，也不要将过分的期许放在将来，认真评估好当下的自己，才能看清脚下的路，打下每一个烙印，然后步履坚实地将梦想照进现实。

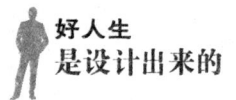
好人生
是设计出来的

面对墓志铭,你想如何定义你的一生

记得有一次分享会,我向大家提出了这样一个问题,如果有一天我们的生命走向终结,你想在自己的墓志铭上写点什么?结果一个调皮的学生,一脸百无聊赖地说:"别学我,这样的人生不值得一过。"还有一个学生也跟着应声说:"没什么好写的,就这样长眠吧!"听了他们的话,我困惑地问:"你们真的不想在最后给这个世界留点什么吗?墓志铭是你们留给这个世界最后的声音了,真的要以这样的状态结束吗?"结果大家摇摇头说:"我只是不想让后人看到我此生的悲催,因为生命的情节实在太糟糕,糟糕到连自己都不忍细看,又何必拿出来成为别人的笑柄呢?"听到这里,我的心一阵唏嘘,倘若人生到最后只能是这番感慨,那就让生命的光阴快些逝去吧!

但人生真的只能如此吗?曾经有这样一本书,名字叫《世界尽头的咖啡馆》,来到这里的人,距离离开这个世界应该只差一步,但即便如此,这里提供了一个相对平和的环境,所有人坐在其中,看似是在欣赏风景,其实是在等待死亡。而明晃晃的菜单背后,写着这样三个问题:"你为什么来这里？你害怕死亡吗？你足够满足吗？"或许对于一个即将离开这个世界的人来说，在相对惬意的环境中思考这些问题是件好事情，它可以让我们更为透彻地了解此生，回味生命中每一件事，每一个疑问，每一次失落和喜悦。但最后，每个人最终都要离去，当人生准备落下帷幕，只剩下最后一个句号的时候，又有多少人能够将它画圆满呢？

其实我们从一生下来，就在准备着死亡，但这从头到尾的人生，总是希望能够过得更愉快点。有人觉得无欲无求就是最好的境界，但当麻烦撞到自己身上，还是让他们对毫无准备的自己懊悔不已。有些人崇尚设计，他们会优化生命中的每一个镜头，然后把它们串联成一部精彩的电影，作为此生完结的杰作，继续延续他们的生命。这或许就是人生大设计的乐趣所在，他像一个游戏，又像是一个目标，我们在意识的敦促下，穿过丛林，越过高山，面对一关又一关的烦恼和瓶颈，最终在系列智慧的编排和比拼下，我们遇到了最好的自己，与他握手言和，走上了一条更美的路。

有一个朋友曾经说："每当我进入设计的时候，我的每一个细胞都是饱满的，那些令人垂头丧气的家伙通通的消散，我生命中所有的能量都顺势地膨胀起来，我因此嗅出了自己完美的味道，于是倾情上路，希望这种感觉能够长久地持续下去。如果真的可以这样，我会对自己的墓志铭有所动力，我会在离开这个世界的时候，与更多人分享我的美妙旅程，用设计这个调味品，让手中的咖啡散发出骄人的品位。"

人生有如喝咖啡，不同的人品味它会有不同的感觉，这个世界上没有一杯相同的咖啡，犹如这个世界上没有两个一模一样的人，我们来到这个

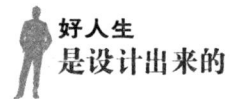

好人生
是设计出来的

世界上,都是肩负着使命的,唯有使命完成,我们才能无所悔恨地离开这个世界。而这个使命,经常以理想的角色进入我们的世界,我们追着它奔跑,一路咀嚼着它的味道成长,我们不断优化着接近它的情节,在不断完善的设计中,一步步地规划行程,慢慢地我们将自己深陷在这样的情节中,在其中流连忘返回味无穷,我们将人生的度过方法堪称是自己生而为人的一种品味,不管是浓郁的还是苦涩的,我们都可以从中品出属于自己的味道。我们在自己所设置的一系列流程中,一步步地接近终点,带着踏实的期待,带着精准的计划,带着一股饱满的热忱,人生的每一天都不会为谁稍做停留,但生命的每一天,都可以让我们在自我规划的过程中过得有滋有味。这种人生设计的信念,或许从我们孩提时就已经拥有,从我们把第一分钱装进储蓄罐,就开始带着成年人的角色在游戏中感触未来,或是莫名地问出一个关于理想的问题。总而言之,当设计在内心根深蒂固的时候,穿越明天的感觉让我们倍感踏实,我们宛若把握了一生,尽管这一刻对于全程来说,只是很小很小的一部分。

曾经有一个朋友说:"梦想很丰满,现实很骨感,人这辈子能为自己做的事情太少了,谁也不知道下一步会遇到什么,即便是有计划的,也未必是十拿九稳的,如果时光轮转,回到过去,恐怕很多人都想要改变很多事,但倘若真的改变了,对于结局依旧是不确定的。"

我听了以后,摇摇头说:"如果时光倒退,我们依旧没有提起改变意识,对自己没有一个系统的设计,很可能还会重走老路,原因很简单,这条路是他们曾经走过的,也是最保险的。当然还有一种人会这样想。他们不想改变是因为他们把人生安排得太好，如若随意地转换格局，他们不敢保证自己还能拥有如此精彩的人生。至于其他人，还是会在改变与不改变之间徘徊往复，他们从一个起点到另一个起点，越改越没有头绪，最终还是把整个结果搞得很难堪，能不能过得更好，真还说不定呢。"

人因理想而来，就像是天使的翅膀，可大多数人却从来没有意识到，于是就在迷茫中浑浑噩噩地过日子。他们也曾想要做出改变，也经历过机遇的试探，但却眼皮也不抬一下地回过了头，过早地从人生的棋局中走开。他们不知道，棋盘上的格局是需要计划的，自己与自己之间的博弈，是需要用智慧比拼的。他们只是任凭欲望胡乱地出手，直到结果出来的时候才恍然如梦中惊醒。就生命的设计而言，无非就是让我们能够更好地随着意愿出牌，它让我们有了一个相对空旷的空间，可以更有条理地将它用希望充满，里面一步步的格式都是有计划的，每一个步骤，都可以让我们在自我验证中走得津津有味。其实，生命的过程就是自我见证的过程，如何让游戏转起来，尽可能地由自己把握，如何让每一个流程变得鲜活有趣，如何在一步步地呈现中，感受到惊喜和愉悦的节奏。从核心到框架，从框架到血肉，从血肉到肌肤，从肌肤到感受，最后打完全程，准备好好休息的时候，才终于可以坐在世界尽头，淡看世间云卷云舒，写下自己留在舞台上最后的句子。尽管从基调来说各有千秋，但那应该足以形成一个坚实的肯定句："我度过了美好的一生。"

人生的设计莫过于让我们以更高效的状态面对自己的人生，我们可以有效地把控自己的时间、精力，以及生命中的每一分力气和勇气，我们在

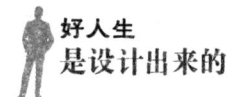

自己的剧情中不断地做着选择，试图将那些美好的内容深化，将不必要的泡沫舍去，我们可以乘风破浪，它可以静谧平和，我们有时间安然地品味手中的蘑菇汤，也可以带着仗剑天涯的勇气，在深化的格局中所向披靡，每个人都可以把自己的故事演成一段传奇，没有高低贵贱，也没有太早太晚。人生设计需要我们扭转我们对待人生的看法和态度，在提高人生质量的同时，对自己的未来提出了更深远的要求，这是我们与自己达成的默契，也是需要一步步坚实走下去的路。

所以，让我们提前步入生命的追悼会，想想自己躺在万花丛中之前，究竟还想对这个世界说些什么？你会满足？会忏悔？会微笑还是哭泣？此时，让我们闭上眼睛，想想那句简短的墓志铭，它是否带着温柔笑意闪烁在你的脑海里，而这一切将作为你对世界最后的礼物，坐落在生命的丰碑前，久久吟唱！

勇于评估自我，直面真实自己

很多人不敢评估人生，这种感觉就好像得了病不敢去医院一样，因为总觉得要面对很多严重的问题，所以总是像鸵鸟一样，未发现险情的一刻，快速地把脑袋埋在土里。我们都知道倘若想让一个人真实地面对自己，那也是一件相当不容易的事。我们的一生都在寻求着各种助力，想让自己生活得更好，却对自己的人生现状毫无所知。很多人混迹一生都没有找到自己最好的状态，找不到感觉，也没有了方向，明明知道出现了症结，却不知道采取什么样的方式"抢救"，于是就这样，随着时间的流逝，人生也因此染上了拖延的病毒，我们拖垮了自己，同时也让梦想了无希望。

其实作为一个人生设计的专业人士，想要说服一个人做出改变也不是那么容易的事。曾经就有一个朋友很排斥地对我说："别跟我提什么设计，我讨厌这个话题，我的人生已经千疮百孔了，你又能帮我解决什么问题？我宁可接受现实，也不想接受什么改变，一切都是白费力气，你无法改变我，如同我对我自己也什么都做不了。"

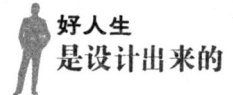

听了他的话,我只能深深地叹了口气,不知道多少人在陷入消极以后,跟他秉持着一样的态度,或者带着一种麻木的色彩,毫无表情地面对人生。他们已经很久没有对自己的理想指数进行体检了,以至于理想的概念是什么,在大脑中都不再清晰,他们每天跟别人一样上班下班,跟别人一样吃饭睡觉,跟别人一样生儿育女,却始终摆脱不了自己的混沌局面。尽管有些时候,他们也会在漫漫长夜中挣扎,不断地逼问自己为什么不可以有更好的人生,可到了第二天还是会恢复常态,带着一种无所谓的态度,继续无所谓的生活,将生命的光阴浸泡于一场无所谓的因果。

看着这个朋友一脑门子官司的样子,我下意识地问了他一个问题:"倘若我的设计可以帮助你解决眼前最棘手的一件事情,你能不能相信我,转变自己对人生设计的态度,以更饱满的热情,尝试着改变人生呢?"

他说:"好哇!那你就告诉我,怎样能够赚更多的钱还清我所有的债!"朋友没好气地说道,"我已经债台高筑了,所有人都在躲着我,你还想让我花时间和精力去谈什么改变,这不是痴人说梦吗?"

听了他的话,我笑笑说:"看来我们真的应该对自己的人生指数做一个评估,看看当下的自己,究竟'惨'成了什么样子?还有什么问题自己没看到,还有什么助力自己没用到,看看有什么事情是需要自己进行调整的,哪里存在契机,哪里是一个缺口,哪里可以帮助自己解决燃眉之急,而哪里需要自己从心态上加以改变。当然还要分清治疗的层次,什么是先要做的,什么是步后尘,可能遭遇的问题和瓶颈是什么,到那个时候,应该采取什么样的应对策略……嗯,看来这个全盘分析很重要啊,不如我们现在就一起尝试着完成它吧!"

或许出于对我永不言弃的感动,这个朋友最终答应了我的请求。我为他做了很周密的安排和计划,将他后续人生要走的每一个步骤都清晰地罗列出来,这时候他惊讶地发现:"呀,我怎么没有想起他,如果这件事找他帮忙,那不是水到渠成的吗?""呀,我怎么没发现这里还有钱,如果这个时候按照你的策略再做经营的话,还清债务还应该是有希望的呀!""呀,这里确实可能出问题,你真的是未卜先知的能手啊!"就在一个个惊叹号下,这个朋友从霉运当头的状态中快速苏醒过来,之后的他在三个月内快速地完成了设计流程中的初步计划,摆脱了身上近三分之二的债务,整个人看起来也比以前轻松多了。此时他紧紧地握着我的手说:"哎呀,真的很感谢你,让我看到人生设计这件事儿,这么管用,我要当你的铁粉,将这项技术发扬光大。"

现在想想吧,就人生这件事,你真的了解吗?你有没有下意识地对它进行评估,站在全局的角度,去体察自己呢?面对现实,我们总是被它的咆哮所蒙蔽,我们会惊慌得不知所措,觉得对眼前的一切都失去了控制。时间长了,也就不再挣扎了,尽管那些可以翻身的机会就摆在眼前,自己却看都不看一眼,只是每天带着惨兮兮的自己,在那里对天长叹:"天啊,看来我的人生只能如此了。"

但对于一个善于经营自我的人来说,每天的自我评估是他们最愿意干的事,他们会对自己整个的人生格局进行一个系统的评定,拉出那些最紧要的事,把问题的症结看清楚。他们会针对这些关卡设计出一系列的计

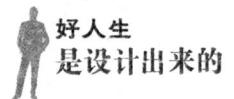
好人生
是设计出来的

划,即便手里的牌不尽如人意,但他们依然可以凭借智慧,反败为胜。很多人说这种人的胜出是出于运气。但事实上,他们从来没有打过一次毫无准备的仗,他们会准确地分析局势,每一天都在自己的战略设计中做出调整,他们会全盘地分析呈现在自己眼前的所有可能,然后针对不同的项目类别,做好充分的准备。看似轻松的步骤,融汇了他们苦思冥想的智慧,之所以举手投足炉火纯青,是你真的不知道人家在场下是怎么练习的。这就好比一场闯关游戏,不论是从装备,还是从技术,不论是能力,还是从能量,我们都要对自己进行一个全盘的评估,具体胜算是多少,要不要打,为什么要去打,最终所要承受的结果是什么。因为秉持着清醒的自知,所以在做任何决定的时候,就不会迷茫,因为我们知道下一步可能发生的事,所以那些事也不再是什么突发事件,可以如晴天霹雳般抑制我们的呼吸,感觉整个心和生命都顺势沦陷。相反,我们会把一切堪称是一种极速的极限运动,在最挣扎的一刻也可以放声大笑,对眼前面临的一切都无惧无畏。

唯有坚持了自己的坚持,太阳才会从有光的地方升起,这个世界上类似的黑暗太多了,以至于很多人都觉得自己一辈子都可能见不到光明,但作为一个秉持个人设计的人来说,他们从来不会放下自己设计的轨迹,他们会坚持着走完全程,他们会努力地向上攀岩,他们会采取各种各样的方法突破黑暗,即便是眼前的状况满目苍凉,只要生命没有走到尽头,就绝对不会放弃希望。因为秉持着这份坚韧,才让他们得以看清整体,以更透彻的全局观念,打好了存留在手里的每一张牌。他们从来不会着急,也不会发怒,控制情绪的能力,让他们能够气定神闲地编排好自己每一步要走的路,他们不会在乎别人说了些什么,甚至可以不在乎当下身体所发生的直观感受,他们把握着整个游戏的方向盘,知道什么时候该奋起直追,什么时候该百米冲刺。他们平和的心就好像太阳,从来不会担心自己会沦落,因为心中有计划,计划会带着心闪闪发亮。

所以,现在如果你想要改变的话,就请拿起你的笔,尝试着对自己的生命进行一个完美的评估吧!这或许需要我们拥有被讨厌的勇气,秉持住情绪的波澜和急促的呼吸,这是一场寻觅出口的博弈,比拼的是境界,并让设计在境界中逐渐苏醒。你需要给自己一个肯定,然后带着肯定去寻找答案,当你看到有光射进来的时候,记得给自己一个微笑。因为此时此刻,你心中的太阳,正在冉冉升起。

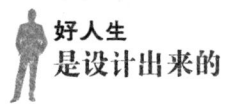

满意，模糊，还是不满意？

我们每天会发生很多事情，而我们面对这些事情所发挥出来的能量却是各有不同的。人生设计之所以越来越受人青睐，主要原因就在于我们有了想要付诸改变的决心。那改变究竟从何而来呢？说到底，都源自我们对自己现状的一个评估，因为对自己不够满意，所以才对调整方向产生了动力。我们希望将自己编排在一个最佳的节奏，然后打着节拍，一步步地进入心中最美的前程。

很多刚刚见面的学员，总是会有一大堆的牢骚话要对我说："老师，我渴望改变，我的人生糟糕透了，我都不知道自己该如何做起。""老师，你是我最后的希望了，我整个生命都要沦陷了，我真的想要在您这儿寻求解药。""老师，我的人生生病了，我也不知道它病在哪里，但这种病态让我发慌，我的整个人都要窒息了。"每当听到这些话的时候，我都会对他们说："把问题放在重点上，看看自己在因为什么而不满意。想要改变最起码要知道突破口，这一点自己是知道答案的。所以，你需要多问问你自己，别搞得整个人跟个低能儿似的，对世界失控的感觉多半来自你自己的想象，把想象放下，我们才能再谈设计。"

很多人多半的时间都活在自己制造的惊恐里，觉得人生已是定数，自己的一切就完结了。于是恍恍惚惚的，不知该把脚伸向哪里，他们渴望改变，心中却没有目标，他们想把命运牢牢地把握在自己手里，却在命运的翻转过程中不知出路在何处。他们总是说，在命运的舞台上自己实在是太被动了，可为什么会深陷被动，人生旅程中究竟出现了什么问题？随便几个为什么就能让他们立刻慌了手脚，好像一只在黑夜中徘徊许久的小猫，突然站在强光下的时候，反而会不安和恐惧。

做人生设计这么多年，我经历过太多这样的案例，尽管来见我的多半是迫切地想要改变，但初衷和想法都大不相同，有些人想促成一系列的生意，有些人是想摆脱抑郁，有些人希望自己左右逢源，还有人直截了当地说："老师，你能帮我改命吗？"每当听到这些要求的时候，我都会一脑门子汗，因为对这项学问了解得不够深入，有这些傻问题，也都是可以理解的。

就命运这件事，命是一个人的寿数，而运是运行生命的轨迹。我们虽然未必能够百分百精准地把握它，却可以通过设计的方式，将自己保持在相对完美的状态。我们可以通过健康计划让自己的身体充满活力；我们可以通过知识储备的设计，让自己的大脑不至于陷入恐慌；我们可以通过人际交往的设计，遇到自己生命中的贵人；我们可以通过理想的设计，靠近明天的彼岸。但计划得再精准，中间还是有可能出现各种变动的，没有人具备未卜先知的能力，将所有细小单位的发生，测算到一步不差的精准。

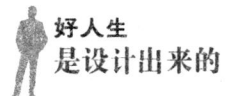

所以面对这些问题，我们首先要做的就是评估，评估那些可能发生的事，评估自己面对事情的态度，评估自己的坚持，也评估自己的改变，评估那些自己满意的一切，也在各种模棱两可中，让自己的意愿直达核心。这些内容是自己对自己中肯的回馈，那些愿意的，不愿意的，满意的，不满意的，那些挑剔的，试图回避的，恐惧的和故作镇定的，一切的一切，都需要我们带着对自己的诚恳，通过思想的传输落实给自己。

或许有人会问："这样做真的有意义吗？我会感觉整个人是被撕裂的。"但倘若你自己真的有这个勇气将一切继续评估下去，放下那些无意义的恐惧和辩驳，你将会以一种深度的平静去看待这件事情，因为不再挣扎，不再困顿，不再回避，也不再咆哮，人生真实的一面才会向我们展露无遗，此时的我们不再手舞足蹈，也不再情绪沉闷，而是可以带着第三者的目光，下意识地在满意与不满意之间进行评判，哪些是该留下的，哪些是该放弃的，哪些是模棱两可的，而哪些又是值得去做的。一切都会有答案，而一切也都源自你自己。

我曾经问过很多人："你对当下的自己真的满意吗？"结果令人惊讶的是有近百分之七十的人都对自己的现状并不满意，还有百分之二十的人觉得生活的品质不上不下，只有百分之十的人认为现在自己身处的状态就是最好的状态。从反向思维来看，这也可以是社会进程中的直接动力所在，因为对自己不满意，所以才会不断在生活中加以努力，去谋求更好的生活。于是乎，无数的创意、构想、行动地图才会一幕幕地浮现在自己眼前，我们才会真正意义上的在心中产生这样那样的计划，才会从心理上产生憧憬，并拿出勇气将憧憬照进现实。由此看来，所有的消极意念背后，应该都是含有正向的积极性的。我们需要准确地自知自己，准确了解梦想的可行性，精准把握好其中的每一个环节，才有可能实现自己的计划，但这一切都有一个前提，你必须非常透彻地明白自己。

人生这台戏，总的纲领只有三件事，清醒的自知、勇敢的选择、坦然的担当。而清醒的自知，就是要让我们准确地了解自己的概况，将这张人生的 X 光片，赤裸裸地摆在自己的面前。我们知道，对于自己所拥有的一切，哪些是自己满意的，哪些是自己不满意的，哪些是可有可无的，哪些是意识模糊的。每当提到这件事，我们应该敏感地将它视为是一种执行手术之前的大规模体检，此时的自己，对于内在的分析容不得半点矫情，一切的解释，一切的狡辩，一切的逃避都将无济于事，我们将以最直白的方式面对那个真实的自己，那个很可能会让你大惊失色的自己。

既然是人生的精致化体检，制定一个详细的体检表，就变成了其中最为重要的事情，我们可以找一张白纸，列出下列的表格。

人生体检表

真实资本	满意	不满意	意识模糊	为什么
性格	√			
决断力		√		
社交能力	√			
自控力			√	
……				

首次看到这张表格的时候，我最先联想起的就是我们的验血报告，里面容纳了我们对自己所能认知到的所有元素，随后便是对这些元素的一一

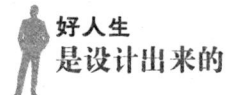

好人生
是设计出来的

化验和检查，我们需要了解它们是否处于一种绝对健康的状态，如果中间有些百分比不尽如人意，就需要及时地分析原因，从而采取各种方式加以干预和做出改变。此时，我们可以将那些自己不甚满意的内容一一罗列下来，也可以将自己得意的成果一个个陈列上去，随后就是那些含混不清的概念，我们也需要对它们进行清醒的认识，至少通过这种形式，我们可以意识到它们的存在，从而思考是否有可能对这一切有效地加以利用，让它更好地为我们服务。

想到这儿，很多对自己认识的谜团就会一点点地被解开，我们会明白自己在对什么不满意，为什么不满意，而不是仅仅在负面情绪中麻痹纠缠，反反复复痛苦，却不知道问题的出处，而这对我们整体的人生健康来说，是非常致命的。

曾经有一个学生就是长期处在一种消极的状态中，他不知道自己想做什么，也不知道人生进程究竟该如何改变。于是我们进行了一个可观的体验分析，就用上面简单的表格，他开始对自己如实作答。他在自己自律的落款上打的是不满意，于是我趁势追问他这是为什么呢？他喃喃地说："无休止的拖延搞得我好头疼。"于是我又问："你觉得问题出在哪儿？""我总觉得自己会做不好，越是这么觉得，越是不想做。"他回答道。"这难道不是一种个人完美主义吗？"我说道，"恭喜你，找到了自己的一个优秀特质。"他听了以后，顿时眼睛明亮地说："我曾经以为自己什么优点都没有，但是现在一切大不相同了。""你可以用它把事情做得更漂亮。"我说，"至少在人生设计这件事上，你可以。"听了我的话，他微笑着点点头说:"现在我知道自己该干什么了。"

很多人说:"不知道为什么,活着活着自己就觉得快要烂掉了,找不到优势,又无法面对不足,明明是对一切不满意,却不知该朝怎样的方向改变。"其实,面对这样的状态,最好的办法,就是将思维落实在表格上,正视自己的问题,并一再向自己追问,看看问题的症结究竟在哪里,事情是不是真的如我们想的那样,倘若这时候,我们发现,原来问题的核心并不是那么难以控制,就可以通过设计的方式罗列出自己需要执行的步骤,当我们将这些内容,一步步地在心中有序安排,内心的恐慌也会跟着落下帷幕,不会再在我们的生命中产生副作用了。

倘若让一个人评估自己的一生,或许是一件很沉重的事,但倘若是让我们分析细则中的满意或不满意,那情况就会好得多。作为一个对自己一切心知肚明的人,改变才能更精准地穿透表里,而就人生设计而言,找到自己的生命节奏,让计划有条不紊地进行,将成为我们的核心驱动力。所以下意识地改变吧,走出表格的第一步,很可能会成为你迈向改变最完美的开始。

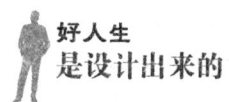

能解决的问题和必须接受的结果

生而为人,每个人都想把结果牢牢地把握在自己手里。我们希望过一场了无争议的人生,在对自己诚恳的同时,保持一个最佳的旅行状态。我们渴望拥有问题,但又害怕解决问题,我们时常会匆忙地迎接一场接受,并在持有结果的那一刻,迸发出各式各样的情绪。于是,我们因为不能驾驭全局而苦恼,感觉生命的分量,一点点地压在肩头,这场游戏真实地让我们体验到了责任的负荷,以至于原本自如的双腿都跟着软弱下来,倘若生命中真的要有那么多承担,那搞清问题的始末,或许会让我们的身心活得更为透彻。我们需要在这样透彻的空间中思考,看清事情的原貌,并在此基础上,优化设计,让自己的每一步都能带着最好的状态前行。

一项设计,之所以会有优劣的不同,其核心问题就在于你的全局观念,面对一件事,你是否已经看清了它的原貌,是否能够将所有的可能考虑清楚,是否能够秉持智慧,将那些所要发生的问题提前解决,如若真的有什么突发事件,自己又有几成的胜算?一切向着最坏的方向走会怎样,最好的结果又是怎样?我们的承受力节点在哪里,什么时候,可以直面收益，而什么时候，又该快速止损。我承认这个世界上总会有一些我们解决不了的问题，但并不代表着我们对这一切，没有任何把控力。我们有资格相信，通过优化设计，就可以进一步解决问题，即便是要承担结果，也绝对不至于出乎自己的意料之外。倘若能够带着这样的信念去经营生活，我想那绝对不是一段毫无准备的人生。因为准备的充分，所以得到的丰盈，不论在别人的眼中，这一切将会如何定论，但对于个人而言，我们已经"玩儿"出了自己最好的样子。

前段时间有一个客户找到我，一见面就满目悲伤地说："我来是寻求救命稻草的，现在我的人生境况实在是不堪入目，我其实把理想规划得特别好，每一天要做什么都罗列得很清楚，可不知道为什么中间就会突然出一些乱子，整个布局很快就变成一盘散沙，因为我根本就没有心理准备，所以到了关键时刻就不知道该怎样面对，手足无措的自己面对着天文数字的账单不知道该到哪里寻求助力，也不知道该找谁，显然我对一切失去了承受力，根本无法接受这样的现实。想想始终勤奋的自己，再想到今天的一败涂地，我整个人都快要崩溃了，这样的事情一而再再而三地发生，我觉得一定是我人生设计的思维逻辑有问题，我想要寻求改变，老师一定要帮帮我啊！"

听了这些话，我大概知道了问题的症结，我对他说："人生设计不是赌注，它需要我们站在全局的角度看问题，各种理想化、情绪化都是需要摒弃的，它需要我们在看清现实的同时，认清结果，而不是带着侥幸心理，认为那些负面的可能都是可以规避过去的。想要精准把握自我，就需

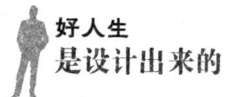
好人生
是设计出来的

要我们看清一切可能,清醒的自知会帮助我们做出最好的选择,而那些所要担当的,可能发生的,必须面对的,在提前的演示下已不再是一种困惑。因为没有什么是不曾预见的,所以遇见时才不会慌张,因为没有什么是不可承担的,所以承担时才不会抱怨,倘若想让自己的计划不至于搁浅,至少要做好这几点,否则即便规划得再好,那也只能算是自己描绘出来的梦境罢了。"

前段时间在新闻上看到这样一条消息,说有一个美国的小伙子中了彩票,从一个一贫如洗的凡夫瞬间成为一个身价过亿的富翁,很多人都赞叹他的命实在太好了,而他自己也是一脸的得意扬扬,恨不得对全世界的人宣告:"我现在是个有钱人了。"

有了资本,本来可以很好地运作自己,可这个小伙子却没有人生设计的构想,他觉得有钱人的世界诱惑力实在太大了,而现在自己有那么多资本,完全可以好好地享受人生。于是他每天过着纸醉金迷的生活,买豪宅、住别墅、进赌场,但凡是富人高消费的场所都能看到他的身影,当很多人觉得他这样的生活可以一直延续下去的时候,有一天,某人在大街上看到了他沿街乞讨的样子。只见这个小伙子,孤独地躺在过街天桥下,捡拾着各种垃圾,居无定所。于是大家好奇地问:"你不是名噪一时的上帝宠儿吗?怎么变成今天这副样子?"小伙子听了以后摇摇头苦笑道:"狂欢结束了,一切不过是个梦,尽管我现在成了一个乞丐,但这才是我真实的生活,就这样吧!别无选择的选择又能怎样呢?"

当生活眷顾了你，而你没有珍惜，你将自己的一切资本消耗殆尽，不懂得经营的现实必然会显露出最惨不忍睹的一面，倘若你能够接受现实，倒还平添了一分勇气，但倘若一切是你难以承受或承担不起的，人生就会因此陷入绝望和痛苦，这对于一个人的生命来说是残忍的，也是可悲的。

世界随时可以创造一个富翁，也随时可以将富翁打下地狱，很多人在经历了一段无所不能的生活以后，因为疏于设计坠入谷底，而当惨痛的结果找上门来的时候，自己却毫无心理准备，于是跪天跪地地抱怨道："难道这就是人生？老天爷你不是在开玩笑吧！"但这又能怪谁呢？这又应该怪谁呢？对于一个没有计划的人生，所要承担的类似结果比比皆是，因为对自己没有计划，自然会对这些所谓的发生也没有计划。就此，我们走上了毫无计划的人生，并不是它不可把控，而是因为你从来没有试图把控过它。

言归正传，让我们回到人生大设计的日程，看看究竟怎样做才能有效地规避那些不理智的运作呢？

首先，建立自己的计划，并反复地阅读它，这时候我们要仔细思考，将那些可疑的端点一个个勾勒出来，我们可以用不同颜色的笔，来代表不同程度的安全指数，如果其中有任何疑问，不确定性和把握力不足的话，不妨在旁边标注上A、B、C，然后将自己的想法罗列在后面。

其次，一切审视完毕以后，便开始对其分门别类地进行陈述、权衡和对比，比如现在某个环节的危险系数属于高危风险，那么在这个节点上可

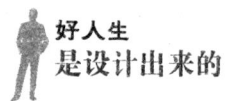
好人生
是设计出来的

能出现的最好结果是什么，最差结果是什么，自己所能承担的责任比例是怎样的，如果超出了自己所承担的范围，那么自己又能够采取怎样的方式抑制风险，有什么样的助力资源，其中可能发生的突发事件是什么，如果助力资源不到位，那自己又应该怎么办。想到这些以后，便可以利用 ABC 这样的评分标准进行进一步的思考，看看针对这些问题，自己所能把控的底线在哪里，究竟存在着怎样的不确定性，而对于这些不确定性，自己真的能完全承担和把握吗？

最后，在权衡利弊以后，我们需要把自己的人生资本运营到一个相对安全的维次上进行选择。这是一个制定自身策略的过程，我们可以参照别人的案例，或者真实的数据，对自己的决策进行精准的把握和评估，我们需要知道当整个进程到达一个什么样的程度便可以彻底摆脱危险期，而到了什么程度就一定要及时止损，用什么样的方式去应对突发事件是最保险的，怎样能够规避不必要的风险，而什么事情可以放手一搏，什么事情是自己无论如何都要坚守的底线。这些事情看明白以后，便可以绕过一系列的沟沟坎坎对自己的人生进行计划，将整个全局尽可能地考虑周全，这样一来，即便是真的有什么一定要承担的结果出现，自己依然可以秉持平和的心态，兵来将挡水来土掩。

说了这么多，所有的权衡都在改变和接受间转换着。而我们的设计，也在经历了一步步的盘查洗礼后，被优化成了切实可行的模样，我们不再对其抱有幻想，而是坚决贯彻执行，因为坚信一切都是最好的方案，所以对于这个方案无可置疑，我们不会随意地让步，也不会刻意地躲闪，我们会带着勇气将每一个环节落实到位，在毫无情感偏移的同时，全身心投入执行。我们不会再动摇，也不会再怀疑，经历了无数次的思考和洗礼，当下的一切早已从通透中化作行动的力量。而对于一个对明天有所评估的人，不论明天会对自己报以什么样的态度，对他自己而言，都会是生命最好的安排。

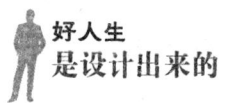
好人生
是设计出来的

关于欲望与能力的天平

曾经有这样一个可爱的学生,他对我说自己的每一天都过得很紧凑,但还是觉得什么事情都做得不够好。于是我问他:"你的一天都是怎么安排的啊?究竟都做了哪些事情呢?""那做的事情可多了!"学生说道,"老师,我每天至少给自己安排16件事,每件事我都赋予了特别精心的计划……""什么?16件事情,等于一觉醒来,你留给每件事的时间,只有一个小时,这样也太不科学了吧!"我说道。

我们的身体和大脑做任何事情都是有间歇性的,从一件事转到另一件事,中间至少需要20分钟才能调整为最佳的状态,倘若编排的事情太多,那么这种转化的节奏,就会不断地反复,也就是说,你实际用在事情上的时间并没落地,多半时间,都是在转化中痛苦煎熬,这样的做事效率是相当成问题的。从科学角度来说,想要做好一件事,你至少需要一到两个小时的净利润时间,如果得不到,效果也会大打折扣。这就是为什么很多人一整天都很忙碌,工作效率却极低的问题所在,因为把计划做得太饱满,饱满到整日都毫无空闲的状态,想要在这样的情形下把事情做好,那实在是太委屈自己了。

很多人说自己的时间不够用，刚刚进入状态马上就要将自己转移到另一件事情上，于是转化来转化去，搞得自己整个人都陷入了疲惫，于是问我："你不是人生设计专家吗？告诉我，为什么我这么努力还是实现不了梦想。"每当遇到这样的问题，我都会告诉他们："理想是需要专注的，而不是在一个个时空转换中赢取的，它需要我们投入更多的时间、精力，需要我们全力调动起自己的力量，而就目标而言，倘若它给你带来的不是坚定而是凌乱，那目标的意义又在哪里呢？"

下面让我们闭上眼睛好好回忆一下自己的一天，在这有限的十几个小时中，我们究竟为自己安插了多少件事情？哪些是必需，哪些又是不必要的呢？贪婪的欲望常常让我们不断地给自己的人生加码，我们渴望成为一个全才，渴望在任何事情上都能展露拳脚，我们渴望成功，又对成功四通八达的路径无从选择。我们恨不得将大千世界所有美好的一切都归为己有，却从来没有意识到再美好的东西，用不到点上也会是个负担。我们尝试着索取，同时又不愿意放下，于是生命的负累不断叠加，什么好，什么不好，在这样凌乱的杂货铺里，也已经无从分辨。这就是很多人在人生设计上的症结，什么都想要，却什么都抓不住，并不是机遇不给面子，而是因为自己内心的渴求早已经是超负荷运转了。

人的精力有限，时间有限，每天产出的成绩有限，所能付出的行动力也是有限的。即使我这一天的成绩超水平发挥，也不要堂而皇之地认为，那就是自己每一天都能达到的事情。我们需要在做事情的过程中保持觉

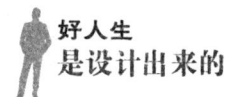
**好人生
是设计出来的**

察,逐渐地找到适合自己的感觉。我们需要对自己人生中所能做到的事情进行评估,即便是在自己发挥失常的糟糕境况下,也照样可以将自己的设计构想有效推进。我们需要找到那些生命中最重要的事,并对它报以长时间的关注与关心,我们需要把握好自己人生的节奏,即便这辈子只能做一件事,也可以将它完成得尽善尽美。

人生大设计的初衷,是让我们在享受生命的同时,最大限度获得成就感,它不是要我们在盲目中分散努力,把自己搞得一身疲惫的同时,看不清行动的意义。相反,它可以帮助我们在自己最喜欢做的事情上,倾注时光,找到可以一直为之奋斗的方向,然后沿着这条路径,享受最美的风光。它不是我们生命中的负担,更不是什么警察,它是我们在奋斗路上的一场游戏,在一边闯关的过程中,一边循序保持节奏,它是涌动在我们躯体里的心流,即便是在无人关注的夜晚,也可以带给自己思想的丰盛。它会给我们带来富足,即便是面临再多的挑衅,也依旧不会顺应错觉。就此,我们找到了生命中最重要的事,不再无意义地拘泥挣扎,不再因错误的目标而无意义地努力,我们停止了情绪的波动,也不再因别人对自己的待遇而大动干戈,我们全然地投入了自己的旅程,对着自己微笑,看着自己栽种的成功结出果实。

欲望无限,能力有限,即便是把所有美好的事情装进世界,你也未必能够全然地欣赏和拥有。为了最大限度地享受人生,我们自己心里要有一个天平,什么样的状态是最舒服的,取得了怎样的标的才可以再言其他,对于分支的理想该如何看待，人生最重要的事是什么，而发生在眼前的一切，真的跟它有绝对性的关联吗？如若此生想成为一位文学家，那不妨放下自己对生物学的探索，除非那真的有益于你的理想，否则很可能会牵扯掉你的精力。如若此时你心中的理想就是挖到生命的第一桶金，那对于那些无意义的社交，就可以放下了，他们只会牵扯你更多的时间，给你制造更多的麻烦，除此之外什么都没有。如果你真的很想找到心仪的恋人，那至少要列出一个标准，因为大千世界的男女太多，即便是有人追你，不适合自己的，还是不要过分纠缠。

这样一来，我们的目标就会变得清晰起来，抛开那些无意义的事，将它们扔到九霄云外，我们会更深入地了解自己的目标，看清自己的理想，我们会将更多的时间投入到最有意义的事情上，而不是让那些琐碎不必要的事占据太多的时间。我们会惯性地对不必要的人选择忘记，对不必要的事选择放弃，我们会将重要的核心带入真实，然后带着轻快的步伐，了无负担地进入状态。曾经有一位学生说："抛开那些不必要的负累，感觉自己活得就像一条自由呼吸的鱼。"倘若你也能找到这样的境界，证明你距离自己的伟大构想又更近了一步。

看到这儿，想必你已经知道了自己的理想所在，能力所在，对于一个人来说，欲望永远带有着两面性，用坏了情绪泛滥，用好了就能作为动力直达更好的自己。尽管在我们的世界里，每天都会萌动出各种各样的想法，但倘若真的可以冷静地进行自我觉知，就可以从中筛选出需要的，摒

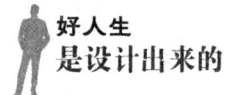

弃那些停滞在内心的琐碎垃圾。这是一个自我清理的过程,也是一个清醒认知的过程,当我们习惯性地不再对那些无意义的事情耗费精力,那些意识中残存的负面意识,就会自然消散,而那些动摇了我们的事,也就自然离我们越来越远了。

第三章
从现在开始,给予身心应有的重视

身体是心的港湾,心是身体的主使,每个人的身心本该都是一个整体,可为什么明明脑子在想这一件事,身体却在做着另外一件事,各种冲突、碰撞、凌乱、咆哮,到底都是从哪儿来的?倘若此时你没有对自己的身心给予应有的重视,混乱就会一直跟着你,即便是遇到再多的好运气,也照样会不翼而飞的。

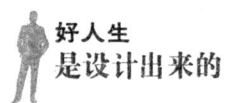
好人生
是设计出来的

让大脑安静下来，心无杂念再上床

很多学生跟我说："老师，上了您的课程以后，我心潮澎湃，回到家就很想大刀阔斧地干上一场，可没想到的是，打开门第一个迎接我的就是一场失眠。"我好奇地问："为什么会这样呢？"他说："自打我躺下以后，脑子里的想法就一直没断过，各种各样的憧憬，各种各样的计划，不知怎的，那时候的灵感超强，超活跃，我就这么一个念头跟着一个念头地走，走着走着天就亮了。""那早上肯定会疲惫啊！"我说道。"当然，两眼冒金星儿，整个状态糟糕透了，想不到我人生设计的第一天，就是在这样凌乱的状态下开始的。唉！这也怨不得别人，谁让我这一剂强心针，打得这么火热呢？"

我听了以后，笑笑说："其实学了人生设计课你应该睡得更好，因为对一切问题都不再困惑了，计划也已经设计到位了，至于执行的事，一步步来就好，该做的都已知道，还有什么可惦记、可亢奋的呢？"

不知道各位有没有同样的经历，每当我们决定对自己的人生励精图治的时候，失眠往往就会紧跟其后，因为总觉得自己要有很多事要做，总觉得计划准备得不够充分，总是会过分地在灵感迸发中陷入不安，于是一个念头接着一个念头向前推，推理来推理去，除了推出一身疲惫外什么都没有。于是在第二天，一切都被打回了原形，因为身心疲惫，感觉做什么事情都力不从心，因为效率低下，很快就产生了挫败感，于是，本来有意义的事情变得没意义了，本来安排好的人生设计，也顷刻间伴随着糟糕情绪失去了价值，当整个人陷入消极负面的状态之中，想要逆转，就变成了一件十分困难的事。

想必大家都听说过"念力"这个词，人生就是由我们一个个的信念组成的，倘若这个时候你给予自己的都是消极信念，自然你生命的整个状态，就会朝着这个方向翻转，而就产生念力的根源来看，失眠，多梦，浑身乏力，很可能是导致自己集聚负面能量的主要原因。

想想吧，如果你总是顶着一个浑浑噩噩的脑袋去工作，即便是人生规划得再美好，你都会觉得跟自己没关系，因为你根本就没有信心能完成它，看着自己这疲惫的样子，灵魂的驱动力与身体的行动力产生的强烈反差，这事儿跟谁谁都会不舒服的。因为自己的无力，阴暗了内心，那种无助的感觉无以言表，于是计划还没开始就已经失败了一半，这确实算不上一个好的开头。而更可怕的是，倘若一直延续下去，想要履行计划的全部过程，很可能会更成问题。所以我经常对身边的学生说："我不想因为一个计划，把你们整成忧郁症，尽管它足够精彩，但前提是，你必须先从管理身体开始。"

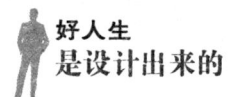
好人生
是设计出来的

那么针对这个问题,我们应该采取怎样的方式予以应对呢?其实,最终重头戏还是规划二字。你之所以思维会活跃,是因为你对自己规划的内容存在怀疑,你不能确定一切都是十拿九稳的,所以才会在心底产生情绪,所以治理自我的第一步,就是潜心地将一切看通透,制订出一份自己坚信不疑的解决方案,让自己的心沉静下来,当你意识到一切都会井然有序地行进,很快浑身上下都会跟着松弛下来,没有了过分担心,自然也就没有了亢奋和紧张。我们只是用睡眠做好最后的准备,以饱满的热忱痛痛快快地大干一场。

此外还有一种人,他的状态始终都是在思维的各个空间往返穿梭,明明干着一件事,脑袋里想的是另外的事,等到另外的事终于开始了,自己的意识又不知道漂流到了哪里,于是动不动就错乱,动不动就迷茫,只因注意力没在一个点上,结果,本来是一副好牌,被自己玩成了"一地鸡毛"。而当结果呈现眼前的时候,他立刻就慌了手脚,"怎么会这样?"他说:"难道我还不够努力吗?"倘若是我,我也只能同情地报以"呵呵",不是因为你不努力,而是你在执行这件事上,太"用力"了。

就人生设计而言,它是自我整合的开始,却算不上一个沉重的负担,它为我们开启了了解自己的道路,将自己的优势劣势尽收眼底,它可以为我们列好步骤,让我们更为精准地到达目的地。这是一条规划之路,但绝对不是失眠之路,很多事情提前准备好,就不需要过分地拨动心弦,每拨动一次,就意味着你对自己产生了一次怀疑,如果怀疑循环往复,那你执行的信心又在哪里呢？对于一个成功人士而言，他们的构想往往是与未来交织的，他们洞察到了未来，也清楚地知道自己该做什么，他们会优化好每一个步骤，但这并不意味着，他们的每根神经都要为这件事而全力工作。站在凡人的角度，该休息就要休息，而站在能人的角度，充沛的精力将是我们落地成功的核心资本。

人生设计是一个媒介，它让我们得以借助优化更好地洞见未来，我们对自己不再了无头绪，而是能够提出一个清晰的纲领，这是一条清晰的主线，将所需要的能量源源不断地输送到重要的地方。我们开始英明地对自己做出判断，而不至于在夜半时候还在恐慌烦恼。面对现实，我们坦然接受，面对烦恼也会坦然接受，我们不会担心瓶颈的洗礼，也不会对未来的一切心存侥幸，我们知道兵来将挡、水来土掩的道理，要不然这一步步的计划，又是为什么而做的呢？把目光放长远是对的，优化好每一步的布局是对的，但倘若这时的你，对一切产生了怀疑，并因怀疑而亢奋焦虑，那可就是自己的问题了。

所以只要设计落成就要对它深信不疑，倒出自己一系列的怀疑，带着平静态度去经历一切。而对于细小单位的修补，只需要在睡前的两三个小时，对一切做出总结，对第二天设置安排，随后便可以轻松地合上笔记本，去做一些相对轻松的事情。

曾经有一个朋友说："什么东西囤积多了早晚会出问题，不论是金钱，还是念头，都一样。"这话我是要点头的，尽管手中的资本会在设计的提

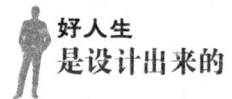

升下越来越多,但这本不应该成为我们无法入睡的理由。如若此时,它们的出现成为你的烦恼,那不妨就让一切沉淀下来,将它放在一边,让自己安静几天,直到一切归于平静,再重新将它归入日程,这时你会发现,原来把握人生、把握生命的每一天,竟也如此简单,既然去做就是王道,那就让那些天马行空的念头见鬼去吧!

身心合一的健康，会让人生豪情万丈

现在让我们反思一下，在有限的人生中，我们干了多少嘴不对着心的事情。这里的嘴不对着心，并非什么迫不得已的举动，而是我们无法用真相连接自己，明明心中有了方向，但行动却一点也没跟上，于是整个身心在冲突中扭打在了一起，好像生来就不是一个默契的组合，一个想要去动，另一个却在抛弃。每当看到这样的情况我都会感慨，为什么梦想很丰满，现实丢饭碗？身心不够协调，谁都不听谁的，即便是人生设计做得再好，连自己都搞不定，还能搞定什么？

很多人起初豪情万丈，但末了却悄无声息了，别人笑他虎头蛇尾，他自己却大吐苦水："我也尽力了啊，努力到心和身体都分家了，可它们就是这么不给力，我能有什么办法呢？"其实这样的事情很常见，明明想要减肥，却打开冰箱抓起了可乐，明明有了计划，却马上起身说要做别的，明明想着完成策划案再睡，却靠在沙发上一个人睡到深夜，明明想要好好地优化一下生活，却在拿起笔的时候烦躁起来。有人将这一切看作"业力"，但在我看来，那就是一种身心的失调，你没有把自己编排好，自然

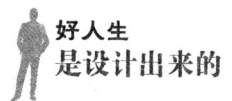
好人生
是设计出来的

每一天都冲突不断,唯有让它们保持一致,这样在执行设计的旅程中生活才是精准而通透的。

有这样一个朋友,找到我的时候,泪眼朦胧,他说他的人生糟透了,希望能够到我这里来寻求援助。我对他说:"自己有了改变的决心也是件好事,痛苦也是推动力,它让你认识了自我,这本身就是一个全新的开始,让我们一起对人生重新规划吧!"于是我们很细致地规划了生命的每一个部分,交谈的时长超过了四个小时,当眼前的一切变得清晰,他的眼中闪动出了惊喜,他开心地对我说:"我这下真找对人了,你让我看到了希望,梦想就在眼前。"

本来觉得,只要认真贯彻执行,就不会有什么问题了。结果没到三天,他再次给我打电话来,说:"你再帮帮我吧,我一下子又被打回原形了,感觉状况比以前还要糟糕,我都觉得没脸见你了。"于是我急忙问:"发生什么事情了?""我觉得我现在就是一个身心分家的人。"朋友说道,"那天我们聊完回家,我兴奋得无以言表,脑海中都是激动人心的画面,直到晚上睡觉的时候,画面还在眼前不断闪现着,就这样持续了很久,一看表两点了,我想办法让自己安静下来,直到三点的时候,才步入梦境。本来按照计划,我必须早上五点钟起来工作,可是睡死过去的我,连闹钟的最后一声都没听见,睁开眼的时候,已经是九点钟了,我一看瞬间慌了手脚,一天的功课也就这样泡汤了。我不知道自己还能做什么,感觉命运给了我沉重的一击,一切就像一场梦一样。""那后来你做了什么?"我问道。"对着窗外的景色发呆,然后看了一整天的《肖申克的救赎》。"朋友说,"我于是又鼓起勇气再次进行计划,可没想到第二天,起来看表还是九点,你是不是觉得太过于戏剧化了?"

听了他的满腹牢骚,我对他说:"听了半天,只有一句在重点上,就是你的身心始终都是分家的。心朝着一个方向,身体却在拖累它。于是对抗产生,冲突在所难免,你感觉到憔悴无力,一切都试图把你拉到原有的轨道中去,你深陷于自己制造的矛盾,无法将自己看作一个整体,所以你必须把状况调整过来,做到步调统一,否则就算计划设置得再好,就当下你这样的状态,除了收获打击,应该也不会有别的什么了。"

"那我究竟该怎么办?"这位朋友说道,"我就让它这么乱套下去吗?"

"现在先让我们问问自己的心,我们究竟想在第二天拥有怎样的生活。"我说道。

"自然是自己全然安排好的生活。"朋友说道,"可是我在受到身体的限制。"

"那就再问问自己的身体,这全然安排好的生活,是不是自己能够全然承受的。"我一边安抚他的情绪一边问道,"比如说,目前为止,您的睡眠质量受到了挑战,怎样才能快速有效地把身体安抚下来,让它能够伴随自己新的计划正常运转呢?"

"或许,我应该好好地调整一下自己的睡眠,重新编排一下自己的时间。"朋友说道,"让自己晚上尽可能放下那些紧张和妙想。"

"如果是这样,您的内心有什么不同意见吗?"我继续问道。

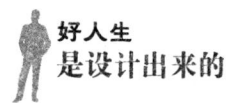
好人生
是设计出来的

"它很可能会觉得调整睡眠会让一个人进入另一种舒适圈,会失去动力。"朋友说道,"或许我可以订立两份方案,倘若自己能够在5点钟起床,计划应该是怎样的,但倘若我需要更多的睡眠将起床时间拖延到了9点,那么我的第二份计划将快速地进入运作日程,这样,可以有一个过渡阶段。不至于绝望,也不至于因为期待过高而饱受压力的困扰。"

"您说得太好了,现在觉得自己的心和身体和解了吗?"我笑笑说道,"既然想要构建一个宏伟的梦想,首先要做的就是完善好自己的心和身体之间的关系,让它们协调统一,呈现自身最好的状态,这样才能完美落实好每一个细节,一步步走向更完美的自己。我们并没有对未来失去控制力,而是进入到前期的必修功课中,身心合一是我们落实理想的重要基础,唯有保持好它的健康,面对远程目标的时候,才会多一成信心,将每一步牢牢地把握在自己手里。"

当一个人的身体和内心保持一致的时候,就会很自然地相信这个世界上没有什么事情是自己做不到的。心中有了念想,身体就会很顺利地付诸行动,因为两者从来不会发生冲突,所以身心便在合一中拥有了绝对意义上的自由。我们会看到心中的理想,伴随着行动力一点点地照进现实。这是一种高效率的赋能,也是健康人生的核心体现。因为思想力能够驾驭行动力,整个生命都会因这股鲜活的能量而灵动起来,作为一个原始驱动,它让我们能够在理想与行动之间兼顾运营,让我们意识到生命的一切尽在掌握之中,而当这股掌控能力融入我们自然的行为惯性时,人生大计划就开始有条不紊地运行了。因为百分之百掌控自己,所以才平添了一分对明天的信任,身心可以带着我们去往任何一个想要的地方,但首先还是让我们先从调和好它们之间的关系做起吧!

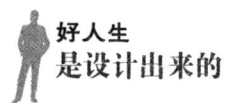

看清骨架，才能布阵全局

很多事情就是这样，起初在心中只是一个思路，而当我们试图将它视作理想的时候，各种麻烦就开始层出不穷，我们会怀疑自己的方向感，怀疑自己的能力，怀疑那只是一个空梦，更不知道该如何着手。于是，在慌乱中，本来美好的东西成了沉重的负担，我们为自己哀悯，对自己失望，感觉大千世界，我就不能拥有一线美好吗？最终，消极情绪占据了整个生命，我们开始嘲讽自己的无知，嘲讽自己会相信一个空梦，我们会惯性地相信别人的见解，认为一切都是遥不可及的事。

这个世界每天都在迸发各种各样的点子，它们穿行在不同人的意识之中，却很少有人会拿它们当回事。人生恍若一梦，机遇不知身在何处，本来是不错的念想，现在却成了嘲笑自己的资本，它因为没有发挥真正的作用而不断沦陷，直到沉睡在一个任何人都不知道的地方。很多人会把这种感觉和人生设计联系起来，觉得构思容易，落实太难。每当听到他们发出这样的感慨，我都会拍着他们的肩膀说："不是人生计划有问题，而是你的计划有问题，因为不够精准周密，所以总会给那些'不可能'可趁之机，如果你不想让一切反过来嘲笑你，那就对认准的一切负起责任来，设计不是用来折磨自己的，设计是要让人生过得更轻松。"倘若理想只有念想这么简单，那它就不足以称为理想，从大脑到骨骼，从经络到气脉，理想的每一个部分，都值得认真推敲，我们需要站在全局的角度来优化骨骼，让它更坚实，更有力，让它在连接每一部分肌肉的时候，都能伸展自如，这将是一个兑现完美的计划，越是勾勒细致，越是意义深远。

人们常说，"无规矩不成方圆"。尽管理想的初始，只唯一念，但这一念必须都是有价值的，我们没有时间做空想家，我们只是想要把心中的愿景落实于行动，所以为了行动更为精准，才会出现潜心的设计，我们不希望自己站在理想面前的时候，是毫无准备的，我们希望以更周全的方式去面对它。于是一个念，变成了一个体系，一个体系凝聚成了一个纲领，一个纲领深化成了各个目标，在我们生命的每一天落地生根，伸展发芽。一切都是自然的，连贯的，完美的，而一切又都是精心的，缜密的，容不得半点虚妄，人生的棋局就这样在一步步的规划中，排列成了井然有序的样子，我们时刻都在看着它，思考它，同时伴随着步调的坚实，行动也变得越发果断而富有创造力。

那么现在，就让我们来做一个布置全局的骨架提炼训练，看看怎样将一个意念一点点地扩充为自己理想航母的核心支柱。

第一步，我们需要一个愿景，也就是你心中最迫切实现的目标。你可以下意识地闭上眼睛，努力想象这个目标最终给自己带来的一切，那是怎样一幅美好的画面，怎样让自己心驰神往，怎样令自己无法抗拒，它实在

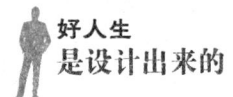

太美了,彻底融入你的生命和生活中,它将成为未来真实的呈现,为此你将开始后续连贯性的努力,不管后面会经历什么,都是一次相当绝对的经验,你不会放弃,因为你想得到,秉持着这份得到的坚信,你发誓你将坚持到最后。

第二步,将自己的目标和渴望达成的结果写下来,它可以是简短的两句话,极其精简,不需要太多的形容词装饰,你告诉自己这就是自己想要完成的事,虽然在纸面上只有几个字,但是这几个字并不是什么沉重的负担,它是流向自己心脏的血液,也是自己的核心驱动所在,它囊括了你对后续努力所有的理由,也是你遇到任何问题都必须坚守的核心。

第三步,你开始建设与之相关的连贯性的思维导图。它就好比是一个发散性的思维游戏,你可以将所有与之相关的词汇,所能想到的所有元素细致地罗列出来。总而言之,不管是什么,在思绪没有进行到整齐划一之前,我们需要用这种方式整理出一套自己的思维索引,当你下意识地开始将这一系列内容分门别类,并添加一个系统的思维之时,你意识中整体布局的骨架就在无形中开始了自己的构建筹备,它越来越坚实,越来越清晰,越来越有逻辑,以至于骨骼中的每一个部分,都饱含了你莫大的心力和创造力,你终于意识到,现在自己的构想已经初见端倪,这是向真实迈进的一大步,这时你终于开始意识到自己究竟能为它做些什么了。

第四步,既然布局已经看得很清楚,接下来就开始按照骨架的先后次序进行一个排序,所有做事的步骤,就好比是我们人体的脊椎,骨节和骨节之间是彼此连贯的,为了能够拥有充分的行动力,我们必须优化好它们之间的连接部分,这样才能更完整地将其运营成一个完美的整体。你可以再拿过来一张纸,将这一个个骨节的作用一一罗列下来,这也就是我们后续所要完成的最为关键的步骤,我们要知道,这些步骤是成功的必经之路,也是自己行动力的大概纲领,这些是自己整个设计中必须完成的事情,也是人生历程中最为重要的骨骼驱动力。提前将这些事看清是很有必要的,因为只有坚定了自己的信念,我们才能在后续的过程中加入更多内容的细节计划,这意味着我们必须牢牢地把握自己的骨骼,让它变得更坚实更有力量,它是我们整体布局中最精彩的部分,因为我们知道,只要能够从阶段上完成了这些部分,自己就距离核心目标不再遥远了。

第五步,大的骨骼完成以后,我们就开始优化理想构建中的小骨节,它们在整体构建中发挥着彼此关联的作用。我们需要用它们将所有的大骨节连接起来,这样整个的框架才会更加完整。为此我们可以针对每一个大骨节的标的进行更为细致的优化和设计,订立更为系统的阶段目标,然后下意识地用这些目标将几个骨节完美地连接在一起。比如说针对核心理想的第一步,是看清自己的资本,那么接下来我们便可以对自己持有和将要持有的资本进行一个洞察和优化,规划好自己要为之努力的细节步骤,然后将它对接到下一个战略标的。比如:"当我拥有了怎样的资本,将事情落实到哪一个目标,我就应该考虑将自己的双脚跨入另外一个大骨节标的了,它应该是尝试着去接近相应的职业,融入专业人士的洪流,倾听他们的经验,看看他们对于这个行业的见解是怎样的。"经过这一系列的推演,你一定会越来越兴奋,因为你俨然掌握了将梦想一步步推演到现实的超能

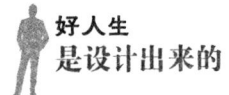

力,你终于可以顺利地按照自己的布局出牌,而不至于成为一个因毫无准备而措手不及的"小白"。

想要让理想不陷入空洞,最好的方法就是让理想成为有血有肉的存在。当你试图用骨骼将基础积淀建立起来的时候,一副鲜活的生命形体,就这样,与现实的我们产生关联。我们是它的缔造者,也是它的使用者,我们需要让它更富耐受力,同时时刻保持新鲜和活力。我们需要将自己理想的元素安插进骨髓当中,作为不朽的精神,帮助它更坚实地走下去。我们需要坚持自己的坚持,安排自己的安排,我们需要让它更有能量,同时将命运掌控权牢牢地抓在手里。这不单单是一个梦想,而是一种使命,在最好的时间,最好的地点,用最好的自己创造最美的梦想,我们需要站在全局的角度看世界,并让每一寸骨骼因我们的参与,展现设计的光芒。

从解决问题到活出价值

曾经有一个年轻的孩子问我："老师，你说人生究竟意味着什么？为什么我的每一天都会出现那么多的问题？"我想了想拍拍他的肩膀说："这个问题真是太好了，人生就是为问题而来的，如果没有问题存在，人生的意义又从何而来呢？"现在很多人将人生目标定位成了一个很奇怪的课题，那就是："想要拥有一个没有问题的人生。"每当我听到这样的事情，都会摇头苦笑，人生倘若没有了问题，要么你真的明心见性了凡脱俗，要么你就真的失去了思考，成了一个植物状态的生命。很显然，想要成就这样的终极目标，要么可怕要么艰辛，而有问题相伴的人生才不至于让我们觉得如此寂寞，模糊了生命的概念、意义和本质。

很多人一碰到问题就会觉得胆怯，他们首先会选择逃避，觉得多一事不如少一事，少一事不如省一事。所以，当问题来敲门的时候，多半是把门虚掩着的。如果是好事，自己熟悉的事，那倒可以上前解决一下，如果是自己不擅长的事，不想参与的事，便转身想要远离，不想因此花费自己太多的精力。可是问题一旦追上你，多半是不会松口的，不管你回避还

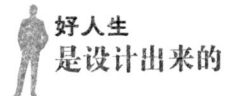
好人生
是设计出来的

是不回避,它总是在那里看着你,不增不减;不管你想解决还是不想解决,它总是在那里吊着你,不上不下,总而言之,它总是会想出各种各样的方法,当你意识到它的存在,那种痛苦别扭的劲头,是很难用语言形容的。但好在问题时不时地也会发挥一些精妙的作用,比如当我们硬挺着渡过难关,突发奇想找到了应对的策略,那种兴奋和喜悦的感觉,也是无以言表,它会增加我们的自信,突破我们的局限,从而快速地帮助我们塑造崭新的格局。很多人开始意识到,原来生命中的很多困局,无非是问题设置的纸老虎,看起来很吓人,其实什么也不是,我们只需要在情绪和意识上寻求突破,不去理会它虚假的责难,智慧就会一步步前行着来到我们身边,而一切解决问题的灵感也就在这时候,源源不断地延续,让整个世界因自己的坚信而明亮通透起来。

不管你怎么想,解决问题是与我们人生的价值相互联系的,生命因问题而璀璨,这可以说是个不争的事实。对于一个无事可做的人来说,生命的一切都是寂寞的,偶然间飞出一个问题,他会变得异常的积极和兴奋,心想:"好嘛,终于有事情可做了。""不错啊,终于又可以进入游戏状态了。""不错哦,大千世界竟然还有我玩儿不转的事情。"于是就在那一刻,他的世界因为一个问题而产生了意义,人生因此开启了华美的乐章,不管别人怎么看,不管人家心中的评论是什么,他在反复咀嚼问题的时候总是一副有滋有味的样子,很显然问题成就了他,他也因此享受着问题,这种状态,与那些满心逃避不知所措之人的状态是完全不一样的。

如果我们收到的信息大多都是负面的,甚至眼前也充斥着各种焦虑和不安，我们又该为自己当下所处的状态付诸怎样的努力呢？人生的大设计，不仅仅局限在步骤，也要综合于自己面对一切的格局，为此，我们可以进行以下的智能部署。

第一步，明了事实真相，没有回避只有面对。如果问题已经发生，那么最理智的应对方式就是看清全局和真相，而不是像鸵鸟一样惊恐地把脑袋扎进土里，这样的消极逃避，解决不了任何问题，反而会让自己陷入无休止的被动和恐慌之中。所以，在这件事上，无须逃避，反正问题的存在关联的是自己，让自己能够对一切有一个清醒的自知，总要比盲目的精神麻痹来得更为现实。所以在这个问题上，我们最需要做的，就是坦然面对，既然逃不是最有效的策略，那么静心来好好地将前前后后捋一遍，或许就能从中寻求突破，转危为安。

第二步，了明资本，建立富有说明性的可靠数据。每当问题富有挑战性的时候，我们很多人都会因为手中寥寥无几的资本而寝食难安，而事实上，情况或许并没有我们想象中的那么糟糕，很多隐形的数据和资源很可能是因为我们过度紧张而被淡忘了，所以这个时候，最好的方法就是屏气凝神，努力向内挖掘自身的潜力，看看到底还有什么样的资源是自己遗漏的，哪些内容是可以加以利用来翻盘的，当我们一个个将它们找出来的时候，内心瞬间清明，那种掌控力回归的感觉，会让我们很快恢复身体的能量。当然，即便是当下的你真的处于逆境，也不妨问问自己，有哪些精准的数据证明这一次面对问题你就一定会失败，如果找不到合理的数据，那么就让我们姑且相信一个真理："一切皆有可能！"

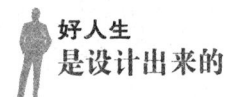

第三步，问问自己，当下能为这个问题做些什么。知道了自己真实的情况，不妨带着理性的认知问自己一个问题，就算当下手中可以利用的牌寥寥无几，就算当下面对问题的自己惨不忍睹，就算一切都不是自己想象的那样，就算自己看到的一切都是真的，那么当下，自己能做些什么呢？一副看起来很棘手的牌，只要用心打，依然有翻盘的可能。此时，我们最需要的是调整状态，从大脑意识中准确分析出哪些是可做的，哪些是不可做的。哪些是可以尝试的，哪些是需要准备的。明白了这些后续的计划就会紧锣密鼓地进行。井井有条的逻辑，有利于我们更好地调整自己，无论是出于解决问题还是落实计划，这都是非常了不起的步骤。

第四步，快意地沉浸，勇敢地执行，坦然地担当。做好了战略，便可以带着自我价值感全然地沉浸在自己的游戏中进行战斗，尽管就问题而言，此时它给我们带来的未必是快乐，但是我们依然可以带着乐观，全然玩儿出属于自己的感觉。当一切回归理性，所有的执行和行动都会变得越来越富有针对性。我们开始自觉地担当起一系列的责任，在了然因果的那一刻，将身心全然放开，放手一搏，这种状态的调整会很快激发出斗志，最终在勇气的推动下更好地运作人生。这或许是我们对人生意义最好的验证，当一个人在接受现实的同时，依然按部就班地遵循内心轨迹的时候，他的严谨就是他成功最好的动力。此时外在影响将不再是影响，为了最终的目标，心流在无声中涌动。

能称得上价值的，想必在人生中都富有深远的意义。那很可能是一个问题接着一个问题，而我们要做的就是以审慎的态度，有智慧地去解决它。在这个过程中我们会学到很多东西，也会放下很多东西，我们开始不断地加强重要性的练习，看清那些人生中最重要的关卡，而对于那些琐碎的事，那些并不重要的事，我们也不会将它视作生命中必须回答的问题。问题是生活的筋脉，它与我们的一切息息相关，并且时不时地搅拌着我们的计划，在我看来，它或许应该以调料的形式出现，在我们烹煮人生好菜的时候，稍微调剂一点，总能让人品味出一股特别的味道。而对于那些把它们视作烦恼的人，我也只能说："去吧，到你的人生设计中寻找答案吧！"

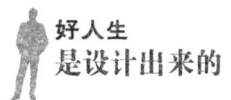

面对无常,别说你总是无能为力

很多人问我:"你不是人生设计的专家吗?你觉得,一个人在有限的一年中,究竟能有多大的变化?"每当听到这个问题,我的心就会为之触动,很多人都试图通过人生设计快速地达成效果。如果长时间的努力,不产生作用,那么他们很可能很快就会放弃自己的努力,而这对于人生设计而言,无疑是个灾难。它意味着一切构想的陨落,一切设计的失效。而对于想要实现目标的我们来说,只要稍不留神,或者是情绪失控,一切美好的设想就会像多米诺骨牌一样,一触即发。

想想吧,倘若有一天我们就这样亲手毁灭了自己的梦想,看着美好的一切落入空境,到那个时候,自己到底会作何感想?也许那并不是一件美好的事情,却在无常的世界中不断地呈现着。

曾经有一个朋友说:"也许今天你不是倒霉的那一个,但很可能明天会是。无常会带走很多东西,包括你的信念和决心。"听到这样的话,恐怕很多人都会毛骨悚然,想到那些尚未实现的梦想,马上就要因为自己说的一句话,一个不经意的行动而功亏一篑,所要付出的代价实在太惨重了。

曾经有一个朋友向我大吐苦水:"昨天还衣冠楚楚地在CBD上班,今天就没有了工作,一家老小都指着我一个人,即便人生设计编排得再好,面对如此的无常又能做些什么呢?"我听了以后摇摇头说:"兄弟,这你就说错了,人生设计不但是要优化你的理想,还要权衡你的风险。你看小A,前段时间也遇到了和你一样的遭遇,但是他的心态就很平稳,因为从确定人生设计的那天起,他就将风险考虑了进去,现在虽然暂时没了工作,但他有被动收入,一个月两万元,完全能够保障一家人的生活所需。所以,别说在无常面前自己什么也不能做,只有提前将一切准备好,关键时刻,设计才能发挥作用啊!"

很多人说改变太难了,只要一离开舒适圈,整个人就会变得不寒而栗,可这个世界上唯一不变的事情就是它总在变,想要以不变应万变,要么你是神,要么就尽可能提前把计划做到位吧。

曾经有这样一个富有的商人,年轻的时候,以倒卖鸡饲料为生,本来生意做得有声有色,结果突然开始闹鸡瘟,很多人都拒绝买鸡肉产品,于是鸡饲料的价格一路猛降,眼看马上要赔本,身边所有做这行生意的朋友都垂头丧气。面对这样的情况,年轻的商人没有灰心,他给自己定立了一个小目标,那就是成为鸡饲料大王,成为无常流动下起身反击的人。

看着别人的鸡饲料都在低价卖出,他悄无声息地将它们通通购买下来,心想,既然已经这样,那就置之死地而后生。只要鸡瘟过去,那么手里唯一有货的就是我一个人啊。于是,他在焦急的等待中期盼,尽管每天

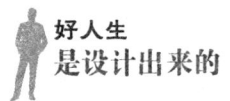

都活得心惊胆战,但依旧没有想过改变。

很快,鸡瘟过去了,商人因为自己成功的设计而大赚了一笔,他淘到了生命中的第一桶金,并一鼓作气成就了其他的生意,如今他已成为一名成功的地产商人,叱咤风云,身价百亿。

很多人计划还没开始,就已经被自己的目标压垮了,有些人因为小小的变故,就试图放弃自己整个的蓝图,有些人情绪泛滥干脆摔了摊子,有些人因一时的失控而不再有未来。我承认,在这个世界,无常总会以各种方式刺痛我们的灵魂,它也在作用着改变,但却不是良性的改变,它在试图打乱我们的设计,让它朝着一个痛苦的方向,不断延展。而作为一个理智的人,它永远不会因为外界的种种而轻易地变更方案,它会一步步前行直到一切次第开花。他们也会痛,也会有情绪波动,但却从来不会因为这些而放弃自己的旅程,既然一切设计得如此美好,至少也要走下来看看,不管中间经历了什么,结果会怎样,不去经历,多少都会抱憾终生。人生设计,本应秉持这样的态度,我们需要带着目标过生活,而不是看着成果下菜碟,当我们把目标放低,去用心地经历人生风雨的时候,就会发现,原来那也是一段绮丽的风景。

生命中多少都会出现那么点特殊的风景,你不知道它什么时候会来,但也不至于因此而沦丧,当负面的内容转化为积极的意义,当走过的经验,点亮后续编排的戏码,那些所谓无常的事,会随着自己的经验,而在计划中设计周全。我们需要观察它,思考它,勾勒它,预见它,而不是盲目地采取作为,盲目地垂头丧气。在生活面前,一张面目狰狞的脸解决不了任何问题，即便是真的遭遇了瓶颈，也要尽可能克制情绪，以镇定自若面对一切。

如果此时心绪真的很凌乱，不如下意识地做一些力所能及的事情，这样不但能放松心情，说不定还能帮助你从紧张的状态中脱离出来，它可以帮助我们更理性地看待眼前的一切，并最终制订出一套切实可行的方案。

一个朋友，曾向我这样回忆他的老板："我只记得，当时我们上市的股票一路下跌，每天都要赔很多钱，公司快要连开支都顶不住了。而我们的老板，还是每天优哉游哉地走进办公室，向每个人问好，然后打上一盆水，精心地擦洗着写字台和书柜。有一次我焦急地问他：'都什么时候了，您还有这个闲心！'他看看我，微笑着说：'假如着急能够解决任何问题，那我每天着急就好了。但事实并不是这样，无常可以让别人恼怒，但它带不走我的灵魂。'很快我们的公司就有了进展，因为赢得了两笔巨额的投资，我们的生意又再次风生水起。当时我就特别佩服我们的老板，面对无常，他竟然可以如此冷静。"

所以，别说面对无常你什么都做不了，一个个鲜明的案例，已经说明问题，倘若这时的你，真的觉得驾驭不起，那至少可以先学着控制自己的情绪，当自己可以带着理智的信念全然投入一场改变的时候，问题也不仅是问题，它的内涵中不再有评判，不再有消极，不再有一连串未知的事件，它只是作为一种呈现摆在我们面前，而你所要做的，就是转变它的格局，将利益更倾向于自己，将一切做得尽善尽美。

第四章
清单革命：从心驰的动机到持续的运动

闭上眼，如果此生有限，一定要想想你最想做的事情是什么，如果以1.2.3去排列，你能够清晰地提炼出它们的先后次序吗？我们每天都会经历各种各样的事情，但究竟有多少是必需的，又有多少与我们渐进的梦想有关呢？

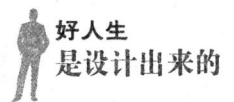

"无知之错"与"无能之错"

有限的人生中,每个人都会犯错,就犯错的概率而言,也无所谓愚蠢和智慧,人生的课题本身就夹杂着诸多的不确定,即便一切的举动都是正确的,经得起推敲的,真正落到实践中的时候,照样有可能问题百出。或许它只是一种自然的呈现,我们也不能刻意要求一切都能按照自己的方向运转,尽管此时,内心有了被打击的消极隐患,我们却仍然可以通过转换视角来重新看待所发生的一切。此时我们不必对自己的能力产生评判,更不要消极地认为一切都是自己的错。当你放下一系列思想的负累,重新开始面对错误的时候,就会突然发现,原来一路走来,自己在很多地方的设计还是相当英明的。

我曾经有一个女学生,她跟我讨论人生设计课题的时候说:"希望您能够帮我规避一下金融行业的风险,事实上我想彻底远离它,因为这对我来说实在太危险了,我没有驾驭它的能力,更不知道问题出现的时候该如何解决。所以希望您能在人生设计的时候,特别的注意一下。""你在这方面有故事吗?"我笑着问道。此时的她深深地吸了一口气说:"我曾经对自己的金融能力相当自信，自认为是一个大海里抓钱的能手，但有一天，自认为英明的我，因为错误投资，让辛辛苦苦赚来的十年家当付诸东流，我因此失去了爱人，孩子，我无心工作，度过了相当痛苦的三年。如今好不容易走出低谷，我只想拥有安稳的生活，谈到金融，我的脸都会抽筋，真的伤不起了。"

"你并不是能力的问题，而是知识储备不够扎实。"我说，"知识问题和能力问题是两码事，你之所以失败，是因为该收到的信息没收到，所以才会在决策上造成失误，这一切都是在所难免的。姑娘，别动不动就把什么事情都归咎于自己的能力，那会影响你人生的运营状态，倘若因为这点小事，就一味地压抑自己，那真到出现情绪赤字的时候，想翻盘都好费力气的。"

当一个人开始怀疑自己能力出问题的时候，就会陷入自我消极的氛围中，挑剔地审视自己，攻击自己，贬低自己，甚至于排斥自己。但事实上，很多时候，一件事情的失败并非都源于自己的能力。相比之下，就我个人的选择而言，我宁愿将问题认同于自己在某一领域的无知，也不愿意在自己的能力上产生半点怀疑。

当一个人对某项知识领域不够深入而出现错误的时候，他并不会因此而丧失自信，但是倘若有一天他开始质疑自己的能力，那产生的结果就要严重得多。因为自己能力有问题，所以不能胜任这项工作，和目前暂时需要充电，而不能承担这项工作，是存在本质上的差别的。知识问道有先后，而能力那是我们自己的事，我并不是把问题往外推，而是要让我们对

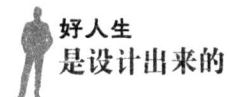

自己有一个准确的分析和评判,无知不代表无能,它意味着我们可以采取更多元的方式获取信息,提升自己的水平和判断力,我们可以采取更完善的方式建设自己,最终从无知到有知,最终从落实到超越,这本身就是我们优质能力的表现,我们无须因为暂时的失败,就在能力上刻意地贬低自己,一旦能力遭遇挑战,那很可能摧毁的是整片的信念森林,我们会因此而消极,因此而怀疑,因此而选择放弃,我们觉得我们无法胜任自己的计划,最终将美好的人生设计丢之一旁。

很多学员对我说:"老师,找您做人生设计,就是为了规避错误的。因为错误意味着风险,所以我想要把风险降到最低,这样人生才能踏进坦途,我才能够真正地拥有安定和幸福。"听了这话我真是哭笑不得:"老师又不是如来佛,能够未卜先知,若是能保天下人平安,那早就超凡入圣了。更何况错误本身就存在变数,它可以是教训,但也很可能是机遇啊!倘若这个时候,自己能动用智慧,将念头逆转,说不定就能成就一番不错的事业。相反,这么快就被风险吓破了胆,总是想要在无风无浪的境遇中过小日子,那就不要奢求什么突破,更不要想着什么高收益的事情。因为风险本身与收益是对等的,经不起挑战,就等于拒绝成长,而没有成长的人生,是看不到起色的。这样的人生设计做了也没趣,那就干脆不要做了。"

很多人都活在自己的误区中,出现问题就怪能力,遇到麻烦就避风雨,这样的面对和逃避给我们人生所造成的影响实在太大了。该扭转的没有扭转,该面对的又不去面对,等到考题发下来,浑身上下每一个细胞都在绝望和紧张,整个人的呼吸都急促了,还想有什么好的结果。就我个人的看法而言，人若是想成就自我，首先要自信，其次要自强。面对世界，我们必须展露出更为强悍的样子，我们需要对自己的能力保持自信，这样才能调动一切智慧和资本打好生命中的每一场重要的战役。

当然每个人都有自己擅长的领域，而面对那些自己不擅长的内容，也没必要过分地焦虑紧张。这个世界上很少有十全十美的全才，而真正智慧的人，往往会在调兵遣将上更具才华，他们会找到不同领域的专业人士，帮助自己更好地完成自己的构想。就人生设计而言，这也是一个非常重要的区块部分。我们需要正视自己的水平和能力，需要拿出勇气看出麻烦的症结，我们需要快速地在脑海中闪现助力的欣喜，然后及时地采取措施，弥补自身的短板和空白。当我们从自我怀疑中解脱出来，就会发现自己并没有完全失去对事情的把控力，不论是资本，还是资源，不论是方法，还是策略，越是在这样的关键时刻，越是需要敏锐的思考和分析，当我们将心中的设计发挥到极致，心中向往的一切就会自然地呈现在面前。

这或许就是人生设计的大美之处，它会在我们思想系统中形成一套完备的行为逻辑和思考逻辑，它随时可以被提取，随时可以去应战，随时可以开展周密的安排，它会很快将设想对接希望，然后引领我们一步一个脚印地走下去。

毫无疑问，这也是知识水准的提升，是能力水准的塑造，当我们不再在什么是错误这件事上过分纠结，人生就掀开了崭新的一页，这里无须检讨，也无须恐惧，一切都是生命中曼妙的发现，它会促使我们成长，同时也会帮助我们遇到更好的自己。

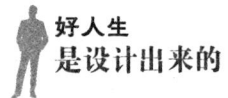

一份清单，一场此生真正的变革

有一个朋友，是个业内精英，他每天都会为自己设置清单，然后按照安排一步步地落实，尽管面对庞大琐碎的细则任务时，并不是一切都那么好处理，但他还是从容淡定，每天按照自己的安排将一切一一来过。就这样每天坚持，他的办事效率成了企业所有高管中最高的一个，而就他个人的成绩而言，他不但将自己的工作做得有模有样，还在一年的时间里，读完了一百本书，回复了上千条重要的邮件，他每个星期去健身房三次，锻炼出了强悍的体格和腹肌，他积极参与各项活动，永远是众人眼中极富个人魅力的灵魂人物。每当有人问他究竟是如何做到的，他总是带着一副轻松的样子说："很简单，按照清单做就可以了。"

老实说，遇到他这样的高效人士，心中总是平添了一丝敬畏，其实他曾经也跟我探讨过人生设计的问题，最终我们达成共识，那就是，想要将成功落地，大目标就要带动小目标，而落实小目标的方法，就在每一天的清单里，只要方向明确，内容明确，那只需要把步骤罗列下来去做就好了。

在我的学员中，很多人在接受了人生设计理念后，都养成了写清单的习惯，他们会在清单上罗列出每一天要做的事，每个星期要做的事，每个月要做的事情，这些事情曾经一度让他们热血沸腾，好像自己马上要成为一个无往不胜的将军，只要每天精力足够旺盛，应该就可以所向披靡。可到了兑现内容的时候，却发现一切真是太困难了，很多人说自己已经拼尽了全力，但最终清单上落实的事情还是寥寥无几。于是他们不得不将计划范围缩小，却发现缩小以后，自己依然会因为各种各样的阻碍而难以兑现自己的安排。就这样一天接着一天，一个打击接着一个打击，或许是因为再也禁不住了，最后总结出来的经验就是：要想明天不被打击打倒，唯一的方法就是不做任何计划。

就此他们的人生再次陷入凌乱，每天各种各样的忙碌，可生活事业却始终不见起色。他们说有清单和没有清单的感觉是一样的。一个是陷入凌乱的哀号，一个是从一起床就开始的失落。其实就清单而言，想要做到完美也是一门艺术，这需要我们对自己具备全方位的了解，同时对自己心中的设计构想不再怀疑。

就人生的每一天而言，核心的骨架会强化我们的精神意识，敦促我们按照自己的计划努力前行。不可否认在这个过程中，我们会遇到一些事情，但当一个人的体力精力思考力面临崩溃的嘶吼，还继续按清单做事几乎是不可能的。当然这也不是清单的真实意义所在，它是我们对于明天的一种能量期许，一个个关乎于自己的独立宣言，一项项我们可以热衷投入的闯关游戏，一个个在刷去项目时自信充实的微笑。在有限的人生中，我

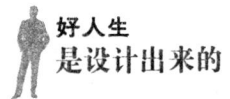

们免不了要与别人产生联结,但就清单这件事,与自己关联最紧密的还是我们自己。

当我们在要求与设计中调试自己的人生,在一步步兑现的过程中落实希望,成就感将会赋予我们强大的能量,帮助我们走好后续的每一步。而这恰恰就是人生变革的意义所在,也是我们面对自我格局的圆满呈现。或许在这个时候,我们交上来的作业并不是每次都是一百分,但是倘若每天都能坚持着朝一百分去努力,美好的人生就会近在眼前。

或许这时候有人会问我,那你觉得清单应该怎么列呢?其实想要罗列一份满意的清单并不难,这只需要你先将自己历练成一个敏锐的观察者,我们需要保持对生活的觉知,以一个不带偏见的视角去观察自己的生活。

起初我们可以不发表任何意见,只是花时间去感觉自己生活的节奏,工作的细节,以及面对突发事件自己所陷入的真实状况,我们可以体验自己在这些内容中所产生的情绪,下意识所要做出的决定,我们可以记录下这些时刻自己跟自己说的话,可以对自己的精力、能力指数进行一个全盘的分析。

我们需要知道,一天多大的工作量是我们的极限。我们需要了解究竟自己有多少碎片化时间可以用。我们需要了解什么时间起床可以让自己一整天都精力充沛,采取怎样的休息模式,可以快速恢复体能并顺利地完成后续的工作。我们需要关注自己最可能出现问题的节点,看看那时候消极的念头是怎样左右我们的神经。我们需要下意识地与这些内容共处,并从中找出快速出离的应对策略。我们需要将自己的终极理想,与自己人生的每一天进行对接，立下一个自己努把力就能够到的节点，以各种各样的数字和数据告诉自己正在朝着目标前行。

这一切就好像你在远行之前买到的一张全程的地图，你会清楚地看到路线中的每一个标志，也会富有预见性地了解过程中可能出现的问题，你会提前在个人装备上准备齐全，你会下意识地让身心得到合理的锻炼，你开始用红色的笔标注好每一个酒店、旅馆和加油站的位置，你会看清救助站的标识，这样才能随时找到有效助力。

做好这一切的时候，你会为自己规划好一个既安全又足够有趣的路线，罗列出途中每一个要经历的景点，这个过程中就好像将理想划分为一个又一个的区块，然后又从区块落实到点点滴滴的细节。因为有了系统的全局观念，所以在步骤罗列上就会更有自信。当我们在纵观一切以后，为自己选择了一个能够长久维持的最佳状态，清单作用才会在这时真实地显露出来。

相比于别人来说，我们是最了解自己的人。想要过上自己说了算的人生，就要维系好一个相对平稳的状态，既不能太懒，也不能太累，既不能无节制地大跨步，也不能过于拘谨地畏首畏尾。我们需要罗列出一天之中最为精准的核心标的。既是自己自信可以到达的，又是可以进阶成功的。

而此时，我们最需要的是用富有震撼力的数字和数据证明自己为明天所付出的一切，不论是一份财务报表，还是今天看到了第几页的书，无论是跑步进阶消耗的卡路里指数，还是利用碎片化时间抱着手机完成的网络课程，这些内容都会作为强大而有力的成功依据扩充进你人生的账本里，

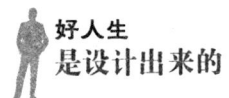

作为点滴精进的能量，渗透进闪闪发光的未来。

清单是对于美好人生的真实塑造，不同于其他大设计的项目，它的存在将我们无限的期许落地现实。它让我们行走在人生的每一天，都有一种殷实的感觉，冥冥之中，一切距离我们都越来越近了，沿途的每一个标志，都在预计中一个个出现在我们的世界里，它就这样指引着我们的航程，从一个阶段的胜利，走向又一道绚烂的风景。

清单也许就是我们记录人生的过程，因为每一次精彩的兑现，让我们因此拥有了更丰盈美满的未来。这是一次了不起的实践，也是我们每天身体力行需要做到的事。

"关键点"而不是"大而全"

我曾经看到的最糟糕的一份清单出自我一个快五十岁的学生,之所以说它糟糕是因为他的清单从来没有重点,他将整个清单做成了一本流水账。几点几分,我必须准时起床,用三十分钟的时间,吃早餐,然后花一个小时的时间看报纸,然后赶着第一班有轨电车去上班,上班途中大概是一个小时,所以我可以用来看一些新闻资讯,下车以后,先花二十分钟买杯咖啡,然后如果坐电梯顺利的话,我将准时出现在公司大门前,我坐下休息大概需要十分钟,然后我开始整理自己的桌子,开始回复收发邮件,随后我需要拿出一个小时的时间来修改文件,如果这个时候有人打断我的思绪可能还会花费更长的时间……

老实说,看到这些内容的时候,我整个脑袋乱得都快晕过去了,心想即便这样的清单能够侥幸成功,就整个人生而言,它所给我们带来的一切也未必真的就是精彩。

清单好比是一本书的框架,也是人生大设计工程中最重要的一个环节,我们需要知道自己的中心思想是什么,也需要知道每一个章节需要表

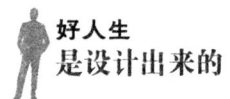
好人生
是设计出来的

达的核心内容,我们需要将这些内容一环扣一环地融入每一个小标题,然后再结合每一小节所需要的内容,构思内文的逻辑和框架。而这一系列的工程,最核心的就是关键点的提炼,唯有把握了这个核心,我们所有的行动才不至于陷入混乱和无序。

曾经有个学员找到我,刚一见面就向我大吐苦水:"老师啊,我现在的人生简直不堪一击,您是我的救命稻草,我真的很想改变。"我听到这里,就直接交代核心,对他说:"嗯,看来你想兑现的目标就是改变。""我现在的人生真的一地鸡毛,我都不知道问题究竟出在哪里,我希望您能帮助我改变命运……"就这样,他一直说了快半个小时,我一直低着头沉默,到最后实在不想再忍耐了,便打断他说:"先生,对于过去,你真的没有必要有那么多牢骚,因为那并不代表现在,倘若你想改变现在的话,就必须先从改变你自己的说话方式开始,你需要在意识中,罗列出一个准确的清单,你所要表达的关键点是什么,想实现的目标是什么,为此你想采取怎样的措施和行动,而这些行动你想要以怎样完美的形态呈现,你觉得在有限的人生中,自己需要接受的是什么,可以继续为之努力的是什么,你手中把握着什么,而未来可能失去的又是什么,你内心的终极快乐是什么,而你最不想看到的又是什么!"

我就这样看着他说:"你可以面对自己会有答案,不能接受内心也有标准。当你把这一系列的问题搞清楚的时候,我想你的人生也会变得井然有序起来,这才是我们人生大设计的根本。它让我们在经过一系列的思考、设计、优化以后,将自己的人生过得鲜活而真实,我们很明白自己每一天都在干什么,也非常清楚,如若此时,我们能够再为之付出什么样的努力,效果就会变得更好。"

就人生而言,我们不需要向谁大吐苦水,与其在那里无休止地抱怨,不如拿出一张纸,将自己想做的事情罗列出来,我们需要让自己具备敏锐的思维,需要随时随地把握自己行动的主动权,我们需要让每一天要做的事情足够清晰,至于未来的忧虑,那些可能会发生的危机,抑或是不切实际的幻想,只要你的清单足够真实,它们都会快速地从世界中消散。人生的过程,就是设计与执行的过程,我们只需要在设计好自己的同时,依靠清单去强化自己的执行力,那些核心的关键点,就会在一步步的优化与执行中浮出水面。

很多人的清单都被记成了流水账,内容不但凌乱,还承载着不同程度的坏脾气,这样的清单,拿在手里就不会有好心情,更不要说什么执行了。想要强化自己的执行力,首先就要先为自己制定标准。而制定标准的核心,就在关键点上。与其长篇大论,不如言简意赅,将最重要的几件事罗列出来,其次是将它们有效排序,分清什么是最重要的,次重要的,搞清楚其中的利弊关系,并不需要花费太多的时间,就能制定出一份很好的执行清单,它无须是大而全的,却囊括了一天中所要完成的所有内容,不需要有太多的心理压力,也不需要刻意的复杂编排,就可以以最简单直接的方式,直接深入我们的生活。

在人生设计课程中,我尤其注重清单方面的教学,我每次都会指导学员完成自己阶段性的清单。通过思绪的调理和疏通,很多学员都完成了理

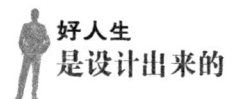
**好人生
是设计出来的**

想清单的设计,他们将所有重要的元素融入其中,将关键点一一予以罗列,他们优化好了执行过程中的每一个步骤,在清晰的逻辑编排下,一项切实有效的行动计划初见端倪。于是我鼓励他们对自己的清单进行精化,省略长篇大论,将问题直指核心,我将他们的时间安排放宽,从什么时间要完成什么事,优化到每天必须完成怎样的功课。于是从心理压力中解脱出来的学员,终于可以在有序的执行中更进一步贴近理想,他们的清单不再是盲目的,而是井然有序的,因为思路清晰,目标明确,也就少了很多不必要的顾虑,做起事来也就更加从容了。

想要在漫长的人生旅程中理出头绪,首先就要提炼出重要的纲领,那是由一个个核心的关键点组成的,而每一个关键点下面,都是我们每一天需要精准履行的事。它可以是一句话,或者是一个词,却足以囊括我们对明天至真的计划与期待。我们可以通过不断优化清单,更好地完善自己的人生,也可以依照自己的想法,针对不同的点,采取切实有效的措施和改变。毫无疑问,这是我们每天都要经历的"技术活儿",想要将一切落实到位,就要循序渐进地从中找到自己的节奏和感觉,当一切自然地在笔尖轮转,你就是在无形地对接成就和喜悦,它让我们饶有兴致地体验人生,同时也将每一个字,逐一兑现,直到落地行为,直到把一切活成了理想的诗和远方。

分水岭：那些藏在情愿与不情愿中的艺术

曾经有一个学员对我说："老师，不知道为什么，我的人生有时动力满满，有时却觉得一切步履维艰，我真不想面对命运的不堪，总希望它们能快点过去，可是不论我怎么挣扎，该发生的一切还是发生了，它咆哮般地折磨着我的心，我感受着能量的消散，整个灵魂似乎都到达了崩溃的边缘。其实人生的很多选择，都是一种模棱两可的状态，你做也好不到哪儿去，不做，也坏不到哪儿去，冥冥之中，我总觉得自己被一个无形的东西操控着，我不知道怎样维持自己的勇气，更不知道怎样把设计坚持到底。"

的确，我们每天都会发生各种各样的事情，但内容未必都是我们想要的。人生大设计的最大好处，就是相对精准化地给我们的人生配餐，让我们的人生质量营养充足，这样在兑现计划的时候，才能更有活力，更有朝气。这是我们得以持续努力下去的资本，也是我们探究成功领域的最佳路径。我们渴望有更多时间和精力与自己喜欢的事情相处在一起，我们需要创造一个完美的系统，对进入到我们世界的一切进行系统分析，我们需要优化自身的格局，将更多美好的事物吸纳进人生。而这一切，都基于一个

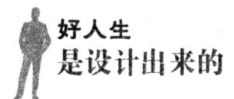

重要的核心:"一切的改变都出于自愿。"而对自愿的事情,就不存在任何抱怨,一切都是自己选的,自然要对自己的选择有所担当,即便这条路出现再多的坎坷,只要是自己认定的,就要矢志不渝地走下去。

现在闭上眼睛,想象自己正在做着一件自己情愿的事情,此时天很蓝,你的内心也极其的喜悦,你全身心地投入整个情绪,突然间觉得时间在飞速地运转,一眨眼的工夫,一切就都圆满得结束了。那么现在,就让我们再想一件自己不情愿的事情,这种感觉是不是好比在崎岖的山路上骑行,整个行程变得缓慢无比,你开始无暇欣赏身边的秀美风光,甚至痛苦到无法自拔,此时时间就变得异常煎熬,你不知道这种感觉什么时候到头,尽管窒息得快要疯掉,但还是一直坚持继续着。这两者的感觉是截然不同,同样的时间,不一样的事情,因为出自情愿与不情愿,最终所缔造的结果,也是截然不同的。

很多人做人生设计,就是为了能够有更长的时间,与自己情愿做的事情在一起,即便在这个过程中也会有困难,也会遭遇瓶颈,但那种解决问题的兴致,是津津有味的。我们将这个过程看作一场游戏,全身心地投入兴致当中,而此时,困难也无所谓困难,所有的一切,不过是在人生路上设立的一个关卡,我们竭尽全力地想要突破它,而这个突破的过程,也算不上什么沉重的负担。

人生设计,就是要在我们喜欢的事情上,最大限度地给予空间,不论是在职业生涯,还是生活质量,我们都必须寻觅到一条适合自己的路。它是相对柔和的,能给我们带来成就和幸福的,我们能够尽可能地去享受它，如同我们试图以饱满的热情享受生命。我们必须找到适合自己做的事情，找到自己喜爱的职业，和自己志趣相投的人在一起，这样我们才能从中组建更多的命题，全然地投入其中，愉快地领受它的意义和价值。

很多人将清单革命看成是一场严厉的考验，尤其是面对那些自己不熟悉的领域，我们还是要按照自己预期的目标，与它们在特定的时间相处在一起，它很可能是乏味的，是煎熬的，是考验我们耐性的，但倘若在这个过程中，我们可以有效地逆转格局，摒弃消极的念头，用更富有生趣的视角打量这一切，就会发现，那些曾经让我们发疯发狂的不情愿，运作起来也竟可以如此的有意思。就这样，我们带着另外一种探寻的体验，避开情绪的障碍一步步向前深入，此时我们终于可以秉持设计师的心态，开始对这一切进行有效的归纳和设计，就此一个崭新的旅程正在开启，我们尝试着扭转对自己不利的格局，将它从不情愿的空间，转移到了情愿的空间，我们终于可以平心静气地与它相处，探寻其中的路径，源源不断地从中谋取最大的收益。于是，你因此延续了自己美好的氛围，不会再因任何事情而失去能量，你开始尝试以各种玩儿法诠释自己的感受，而不至于让负面情绪占用太多的空间，于是你就这样带着深度的觉察，与自己一步步地计划待在一起，一边执行，一边突破，直到消极的念头散去，直到从不情愿的心绪中解脱，你因此看到了一个幸福的自己，而这或许正是我们心中最想要的生活。

很多人说我们每天的生活就是站在情愿与不情愿的分水岭，开心的时候就是开心，不情愿的事情就是会让自己不快乐。这貌似不是什么钱可以

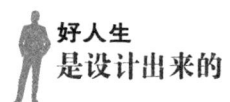

解决的问题，因为据我观察，很多富足的人面对自己的人生，依旧会有各种各样的不快乐。他们总是被动地进入一段情绪，进入一个场景，然后任由负面情绪叠加，却要秉持着良好的修养而采取自我压抑。而就我们平凡人而言，这样的事也随处可见，大多数人会在这样的过程中选择忍耐，却从来没有意识到，其实我们来到人间的目的并不是自我压抑，而是掌握一门随心所欲的心法，以更好的方式优化和转变自己。

一个人和自己不喜欢的人待久了，他会开始自己讨厌自己，一个人和无趣的事情待久了，他会自然地觉得整个人生都是乏味的。我们的感觉对于我们自己来说永远是最真实的。当这种极不情愿的能量在我们的内心世界中渲染扩散，你会本能地开始对生命的真谛产生怀疑，你会挣扎着想要寻求改变，因为你经历的本就不是属于自己的人生。

所以，我们不妨思考一个问题：倘若上天赐给你一笔可观的财富，让你一辈子都做自己看来毫无意义的事情，你会愿意吗？而相比之下，这笔财富的额度砍去了一大半，你却可以一直做一件自己感兴趣的事情。两者之间你会做何选择呢？

其实，从一开始，我们每个人都是富足的人，充裕的时间和宽泛的空间让我们可以自由地对人生做出选择。当下的社会是很包容的，只要你愿意，只要不违反法律，便可以随意安排自己的生活，你可以在家，也可以工作，你可以兼职，也可以创业，在这个宽泛的空间中，人生可以源源不断地发挥创意，被营造出千奇百怪的模式，而这些内容的直接定义人，不是别人，正是拥有人生主动权的自己。

但是，为什么最终有些人还是活得心不甘情不愿呢？主要原因莫过于他们始终都走在模棱两可的路上，面对选择的瓶颈，心里总是没有一个准主意，每当自己想要放下一些东西的时候，那些心不甘情不愿的感觉就会占据上风，明明知道取舍之后，很快就能赢得收益，但这股别扭劲儿却怎么也过不去，最后直接进入焦虑的埋伏圈，混迹于各路烦恼，怎么也到达不了脱离的彼岸。

大家知道，被动的坚持和超越的勇气是截然不同的两件事，倘若一切都是心甘情愿的，生命就会因此毫无顾忌，而当这一切多少出现了那么点不情愿的插曲，那结局很可能就没有想象的那么美丽了。人在自己不情愿的时候很难付诸全部的努力，即便是有人在背后使劲地激励他们，结果也未必理想。倘若这种别扭劲儿需要花费一生的成本，真的不知道在那即将离开的时刻，我们会做何感想。

在情愿和不情愿之间，永远存在着一个自由的中间地带，我们需要理性地做出选择，把什么是自己想要的搞清楚。我们需要在有限的人生中活出自己满意的状态，因为生命只有一次，生而为人，我们幸运地有了这样难得的机会，如若真的想深入地玩儿上一把，那就排除那些情愿与不情愿的顾忌，将主动权牢牢地把握在自己手里吧！

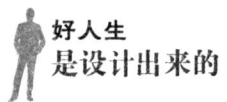

承担责任，拓宽你的可控领域

奥普拉说："你最大的冒险，就是过梦想中的生活。"当你将要采取行动的时候，却发现自己很多事情都由别人在参与掌握着，那种不确定性会不会引发一场骚乱？你开始意识到身不由己，为这些自己所要付出的责任义务郁郁寡欢。你无法正视现实的生活，于是推三阻四，因为觉得一切是自己难以承受的，所以想从责任中解脱，我们总是试图在这个时候，把一切推给别人，尽管这算不上什么最佳决策，却可以暂时减轻心理负担，尽管有时也会多少心怀负罪，但想到那高昂的成本代价，最终还是能推就推吧。

本来是想推卸责任负担，结果却让自己的安全系数提起警报，当你下意识地把一切推给别人的时候，就意味着别人开始对你的个人事务有了干涉权和控制权，他们可以用自己的想法参与你的人生，带着一颗利己心将你纳入自己的计划范畴，他们会利用你，占据你，吸干你，抛弃你。而在思想驾驭思想的过程中，更多的痛苦会负累在你的身上，不是你的责任系数降低了，而是自己对自己的把控能力降低了。你无法成为一个自己说了算的人，只能一味地将眼睛看向他人，你无法真正意义地拓宽自己的领域，只能在别人的规则下循环往复，这样的人生，难道不觉得可悲吗？如若始终被别人操控奴役，那最后的结果，也不过是成为别人，但就自己而言，即便是在有限的生命中遍体鳞伤，只要自主的人生犹在，对自己来说也总归是好的。

当一个人为自己的事情努力的时候，他的人生才有真正意义上的存在价值，如若有一天你突然意识到，自己只不过是活成了别人想要的样子，心中那愤愤不平的感觉，是如何也无法释怀的。试想一下，倘若我们这样将别人的设计延续自己的一生，那么一生所做的事情，又有多少联结到我们自己呢？倘若自己每天做的都不是自己喜悦的事，这样的生活，又对我们的生命意味着什么？多少人的辛酸泪就是此时酿造的苦果，因为脑海里只有别人，因为信念只能依靠别人，所以别人就成了自己生命中的主宰，一个奴役着我们思想和行动的主宰。

曾经有一位学员，偷偷地匿名给我送了一张字条，上面的文字洋洋洒洒，内容却让我摇头惋惜。

老师，其实每次我想得都挺好的，但真到落实的时候还是会身不由己。井然有序的规律被打乱了，别人堂而皇之地参与了我的生活，他们用自己的方式震慑着我，使我不自觉地偏移了自己的轨道，我知道我前行的方向并不出于自己的意愿，却在被迫式地负重前行。当然，我并不能说所有人对我来说都是恶意的，但他们的善意中夹杂了太多的我执，他们不知道我真正需要什么，只是不断地将自己的意愿摄入我的生活。就这样，我

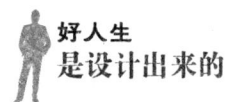
好人生
是设计出来的

突然觉得找不到自己了，每当问题出现的时候，就本能地将问题推给别人，倘若此时对方摆出一份爱莫能助的架势，我还真不知道怎样摆脱心底的恐慌。尽管有时，我自己意识到，只需要稍微动一下脑筋，就可以赢得一个不太糟糕的结果，但每当决定行动的时候，心底还是在强烈依靠着别人，我究竟该怎么办呢？

怎么办？找出症结去改变就好了。之所以出现这样的惨剧，还不是因为我们扩大了别人可控范围的包围圈。因为对方创造的舒适圈太美好了，美好到愿意倾其所有也要继续待下去，这种不需要承担责任的感觉虽然舒服，却也让你丧失了处理问题的一切权利。到时候，别人一点点吞噬了你的生活，杖毙了你的资本，再想咸鱼翻身，那是难上加难，别人不是傻子，不会给你那么多余地，被一时的感觉蒙蔽，结果葬送了整个人生，这样的生意究竟有多划不来，自己算算就知道了。

人生设计不是帮助别人逃避责任，而是要引导大家正确地认识自己，当我们勇敢地担负起自己的责任的时候，对一切的掌控权就这样牢牢地把握在了自己手里。换句话说，你承担的越多，掌控权就越大，你不再允许别人以各种形式占据自己的人生，而是用自己喜欢的方式编排自己的生活。也许在此之前，你需要经历一段相对凌乱的吐纳期，但这种整理头绪的过程始终是充满激情和动力的。此时生命中的一切都在自我的编排下变得鲜活起来，我们在不断自我兑现中将自己设置成了最满意的样子，而他属于自己，与别人没有半毛钱的关系。

很多人在接受人生大设计之前都带着一种忐忑的心情问我："老师，

倘若我真的准备承担起对生命的一切责任,您觉得之后会发生什么呢?"其实面对这种不安和忐忑,我们最佳的应对方式,是将所有的一切做一个清醒的认识和评估,从一个模式走向另一个模式,不管后续的人生会发生什么,面对一颗不再逃避的灵魂,冲突都会迎刃而解。与其一再逃避,不如坦然面对真实,看看自己损失到了什么程度,最坏的结果是什么。面对了现实,内心的恐惧自然就消失了,一切很自然地运作到改变模式,我们按照自己的编排尝试改变,不管结果如何,一切都会更贴近于自己,而对于那些自己跟自己的事儿,没有什么是和解不了的。

所以,直面恐惧,揭开假象,踏实布局,精彩生活,每一个环节,因为不再挣扎而变得坦荡起来,我们终于在掌控的区域范围内开始了自己与自己的变革。我们终于可以毫无焦虑地与自己相处在一起,用自己的视角看世界,用自己的方式过生活,我们不再担心半路会蹦出一个谁谁谁来指手画脚,也无须听凭别人的摆布和命令,此时自由的空气由内往外地润色了整个生命,你这才终于能够感受到为自己而活的畅快与精彩。

曾经有一个活明白的朋友跟我说:"你知道吗?年轻的时候傻,总觉得好好表现就会赢得别人的赏识,成熟了以后才发现这些实在太虚伪了,一个允许别人干预自己的人,是根本活不出自由的,连自由都没有,又拿什么置换成功?"是啊,每个人心里都有自己的成功。善意的,会觉得自己在带着你成功;恶意的,就是用你的失败促成自己的成功,无论是哪一种,被动的人生状态是根本谈不上设计的。

所以,对于这一点,自己一定要有主心骨,每当在选择上犹豫不决

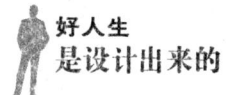

时,不妨问问自己:"你愿意为自己承担一切责任吗?"格局的改变,往往就在顷刻之间,唯有你认清自己要走的路,并步履坚实地走下去,才能最终从黑暗中洞见光明。不可否认,每个人都有机会实现梦想,但这里想问的是,面对人生的主控权,你真的做好准备了吗?

第五章
精准努力：努力和看起来努力是两回事

很多人很努力，很多人只是看起来很努力，每天坐在格子间摆出一副忙碌的样子，其实一天下来，效率并不高。并不是只有加班的人才更接近于梦想，想要赢得更多，除了优化行动力以外，还要运用好自己的智慧，能够有效把握未来的人，分分秒秒都不会因忙碌浪费光阴。

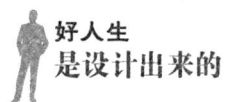

好人生
是设计出来的

精准改变,然后掌控未来

很多人都没有试图想过自己十年以后的样子,或许是觉得未来不忍细看,或许是不再对它抱有期待。于是恍惚间,时间就这样匆匆过去,我们看不清未来会发生什么,也就无法更为精准地把握现在,因为对自己的人生没有规划,所以很自然地将命运交给了老天,然后喃喃地说:"一切听天由命吧。"可是老天爷也是更青睐有准备的人,倘若机遇到来,一切井然有序,自然会受到它们的垂青,但倘若总是在关键时刻掉链子,即便面对上帝,看到这样的阵势,估计也只剩下摇头的份儿了。不是未来不青睐你,是你真的没有为它努力过。

从专业角度来说,对未来最好的准备就是塑造未来。这是一个玄妙的议题,你也可能根本不会相信,心想,这些美好的设计真能那么精准地兑现吗?但倘若你能坚信自己的理想所在,那全情投入一次也未尝不可。即便是不具备未卜先知的能力,却可以利用人生设计师来规划明天,完美的设计会让我们更进一步地贴近理想,虽然未来尚未到来,但你却已经行走在了未来的路上。

第五章 精准努力：努力和看起来努力是两回事

塑造未来是一项智能的开启，它联结着我们的过去、现在和将来。曾经走过的路，铸就了当下的经验和阅历，尽管有时，它可能会把我们禁锢在一个地方，但是倘若我们能够尝试着从这些禁锢中出离，就可以将精准的改变直指将来。

很多人的改变都是漫无目的的，尽管改变是他们心中的向往，但却无法落实到细则，他们根本不知道自己需要哪一方面的改变，所以在整个过程中不知所措。他们仿佛在无形地遵循一个系统，以至于每当心中提起波澜的时候，就会做出很多不切实际的行动，尽管当时的他们嘴上强硬地说："我可以为我自己所做的事负责。"但真轮到负责的时候，整个身心都在紧张地颤抖，因为痛得淋漓尽致，所以思想和行为出现了凌乱。很多学员就是在这样的情况下找到了我，试图用优化人生设计的方式，寻求突破，因为他们操持人生的过程实在太累了。"我知道自己正在试图以一种全新的方式去面对自己的生活，我接受这种改变，也接受它在我心中的价值和意义。我只是在行走的过程中太累了，感觉需要换个模式，尽管我不确定自己会因此变得更好，但既然现状已经很不好了，尝试一下新鲜事物也未尝不可。"一个学员这样对我说："听起来不错。"我对他微笑说道："只是这次要以怎样的视角定义生活？在诸多的定义中，你必须拇出一条路，否则难免还是会遭遇两难境地，到时候心向左，身向右，照样会矛盾百出，冲突不断的。"

现在让我们试着放开想象，看看十年后的自己究竟会是什么样子。你可以闭上眼睛，想象有一个分身带着你的指令飞到了未来，你的脑海中不

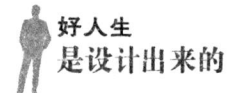

断浮现他的样子，你渴望他能够变得更优秀，更富有，更有才华，但此时分身给你的答案却是："如果你在某个转折点没有好好把握的话，你很可能会从很高的地方自我沦陷。"当这样的信息开始敲打大脑，鞭策灵魂的时候，势必会在心头多了一重恐惧，在午夜时分，噩梦降临，这个身体被击出一身冷汗，于是此时，你决定尝试改变，把握自己所能把握的资本，拼尽全力，让那个可怕的沦陷不要到来。

然后让我们再次逆转自己的念头，回到过去，想想十年前的自己是什么样子，自己因为什么原因错失了机会，又因为怎样的选择争取到了利益，自己具备哪方面的资本和技术，但对于领域中的哪些内容并不擅长，你的经验贴近你的理想吗？你的目标最终达成了吗？长时间以来你都在和怎样的圈子打交道？领受着一份怎样的收入，这一切究竟还有没有拓宽的余地，而就现在的自己而言，你对这一切真的满意吗？如果可以，不妨将一切精准地写下来，并将它们全然地呈现在自己面前，它们可以让我们更为清晰地看清过去的自己，并对自己的标签有一个清醒的认识和准确的评估。

审视了过去以后，找到自己的病因，然后再次回到未来，看看一切会不会好转。此时的我们是满脸的喜悦，还是依然在忍受不堪呢？因为有了过去十年的前车之鉴，你开始对自己后续的十年有一个更清醒的期待，你在迫不及待地寻求改变，并在心中逐步勾勒出了更为精彩的样子。或许此时你觉得，正是因为十年前你没有对人生进行系统的规划，所以才把自己活成了现在的样子，如果可以的话，不妨好好回忆一下十年前的自己对当下的你抱有着怎样的想法，又为此付出过怎样的努力？这时候不妨将这一切也写下来，看看为上一个重要的十年，自己应该担负起怎样的责任。

当你下定决心担负起自己责任的时候，这就意味着你将为自己选择一条更美好的人生之路，全然承担一切的行为会让你的内心彻底松弛下来，此时你终于可以有时间来好好打量一下未来。在后续未来的十年间，你希望拥有一个怎样的自己？你需要落实怎样的步骤，让自己的理想顺利照进现实。这个时候，不妨将自己理想的样子以文字的方式写出来，并将一系列的关键词罗列进去，设置成更为精准的标的步骤，这个过程中会激发你对未来的期许和斗志，同时也可以帮助你更为理性地把握当下，以更为积极正面的态度，面对自己，重塑自信。

当一切梳理完毕以后，想必你已经知道未来的路将何去何从，你可以以更包容的态度面对过去，同时也能以更为严谨的态度面对未来。倘若生命中每一个十年你都能够牢牢把握在手里，那么不可否认，你人生的大设计是相当成功的。但倘若前一个十年表现得不尽如人意，那么后续的十年将成为你赚回人生的必要资本。它将意味着你必须经历更为精准的改变。想要步步为营，就不可贸然行动，这是一场专属于自己的博弈，你需要以更饱满的热忱沉浸其中，唯有如此，人生才会因改变而丰盈，你才会以更富足的资本扭转明天，构建未来。

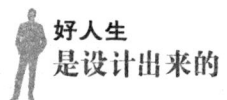

如果生活值得过,就值得记录

每个人都是一本书,里面记录着人生的喜怒哀乐,事业的兴衰历程,任思绪飘飞,多少人因回忆而感慨,当年的一切犹如初见,却早已是另一番光景,我们总是试图把一切改造得更好一些,希望给未来的自己,制造些与众不同的感觉,不论是遭遇风雨,还是渴求平淡,内心始终是富足而美好的,因为内心憧憬不断,后续所编排的戏码也是源源不断,这个世界,没有谁能全然融入另外一个人的世界,除非是他自己,那是一段自我探索的旅程。即便外面的人生各有风情,但我们总是可以做到风景这边独好,这就好比一艘大船在海中航行,中间会发生什么,谁也不可预料,但只要遵循轨迹,多半可以成功地到达彼岸,这就是为什么这么多人会将希望倾注于规划,它犹如深埋在我们心念中的轨迹,正指引着我们一步步地靠向彼岸,那是一段追逐梦想的旅程,也是我们最渴望驶去的地方。

每一次远行,都是为了看到更美的风景,倘若一切都会成为远方的必经之路,为什么不能在这段心路历程中,记下那其中的点点滴滴,不管是快乐还是悲伤,不管是喜悦还是彷徨,不论上一秒和下一秒怎样衔接,因

第五章 精准努力：努力和看起来努力是两回事

为真实地为此活过，所以永远是中间最有发言权的一个。

文字会强健我们的思维，扩充我们的胆识，让失落的心渐渐被能量丰满起来，让受益的精神重新焕发活力。于是渐渐地，我们放下了内心的矫情和抱怨，开始全身心地融入笔尖的世界，这是一个人与自己最好的相处方式，无论脑海里出现多少个问号，只需要一步步深入地剖析和思考，自己就会给自己答案。到底要坚持还是该放弃，到底痛苦是磨砺还是无意义的折磨，到底下一步的拐点在哪里，是要继续还是转头离开。倘若这些内容包罗了你生活的方方面面，一步步地填满了你思绪的空白，你就会突然发现，其实自己每时每刻都在被自己的故事情节感动着，不管在别人眼中这一切精不精彩，每当回头品味的时候，总会令你的双眼闪动泪光，这一切是何其的珍贵，尽管它很有可能只属于你自己。

曾经有这样一个女学员，她说："在我看来，日记本就是一部空白的书稿，一个专属于每个人用来撰写故事的空间，即便其中的一切都是不可见人的，但并不代表这对于书写它们的人没有重要意义，它圆圆满满的属于我们自己，至少对我来说，那是我生命中不可缺少的一部分。它让我有了对自己沟通的勇气，让我敢于更为直白地面对自己，将不安、躁动、缺憾、瑕疵全部赤裸裸地爆料出来，将喜悦、幸福、充实、热情热腾腾地收入囊中。"

说到人生历程，我这位学员一路可谓风雨兼程，来到北京大都市的时候举目无亲，每天在天桥脚下以摆摊为生，在那些难熬的夜晚，她一个人坐在狭小出租屋的床上，黯然对着月光，一边流着眼泪一边用日记与自

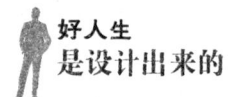
好人生
是设计出来的

己交谈,那时候的她还是一个二十出头的女孩儿,每天风里来雨里去,即便是病了也只能一个人躺在床上独自忍耐,但即便如此,日记陪她走过了那段生命中最难熬的日子。随着生活的好转,她开始在日记中一点点地规划自己的人生,对生活中出现的问题进行更深入的挖掘和思考,此时她突然觉得世界变得辽阔了,自己写日记的心情也变得越来越好了。不管有多忙,她每天都会拿出一个小时的时间与自己独处,一个个日记本里记录了她每一天的心路历程。

如今她已经是一个企业的总裁了,拥有成功的家庭和事业,她的人生在一步步的优化设计中变得越发的坚实,她将希望驻足于每一天的努力,记录好自己点滴的心情。她发现自己日记的内容变得越来越丰富了,日记本也从一个变成了好几个,她将它们分门别类地运作到自己的人生中,发现这些滋润人心的智慧,渐渐开始在自己的意识和行动中落地生根,她就此通过笔尖的探索,一点点地步入未来,开始以各种不同的视角打量这个世界,她迫不及待地去学习,去与自己探索心得,她努力用阅读充实自己,无休止地寻觅着让自己脑洞大开的路径。她说:"不管这一天发生了什么事情,只要打开自己的笔记本,心就瞬间踏实下来,我终于可以安然地和自己待在一起,那是自己与自己最美的时光。"

如果生活让你觉得还值得一过,那么就请用笔尖记录好它的过程,也许一天对你来说不过是生命中的一瞬,但对于自己来说,那很可能是一顿无比丰盈的精神盛宴。你可以在与自己慢条斯理的聊天中下意识地对明天做出改变,你可以告诉自己很多事,总结很多的经验,列出一系列的计划，你可以敦促它，可以帮助它，可以引导它，可以催化它，这种思想和行为的协调统一，会逐渐帮助你找回超越自我的感觉，你会惊讶地发现，原来自己也可以把一件事情想得那么周全，原来这种自己与自己之间的游戏玩儿法可以如此丰富，原来自己的远见可以在宁静的片刻伸展到无限的天空，原来自己并不是一个沉默寡言对生活没有要求的人，你会渐渐意识到自己的需要，会在纸页上提炼关键词，你开始知道自己在意什么，开始下意识地想要得到一些东西，你终于对明天的路不再迷茫，对自己有了系统的要求和策略。

　　一个人想要真实地拥有世界，首先要以最实在的角度看待自己，对于一个想要做出改变的人，无论是人生大设计，还是眼前一个要解决的棘手问题。我们都可以停下来，与自己交流，你需要听到自己内在真实的声音，并在它的配合下精准把握自己。这时候你会发现，原来生命中的很多事，始终都是把握在自己手里的，每个人都可以让自己生活得更幸福，但前提条件是，你真的愿意在记录中成就，在一次次修整以后，以最英姿飒爽的光辉形象，带着梦想负重前行。

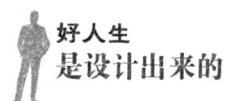

想要奇迹发生，就要做好冒险的准备

很多学员把人生设计看成是一个可以创造奇迹的工具，而在我看来，奇迹之所以称之为奇迹，是因为它已经成为我们心里的神话，一件看起来遥不可及的事情。试想一下，倘若有件事，总会在你生命历程中准时发生，你是对它司空见惯，还是将它视作奇迹呢？关于奇迹这件事，我们不妨做个定义，第一它能影响未来，第二它的成就非比寻常，第三它能为我们带来惊喜，第四它的延展不可思议。

虽然奇迹很难拥有，但每个人都会对它抱有极大的热忱，因为我们知道，即便拥有的希望像中彩票一样渺茫，但只要自己能够中彩，就会赢得高额收益。于是我们就这样祈求着上天的眷顾，每当这股能量在心中翻滚，我们就会收到这样的信息："你有能力，也有实力，对眼前的一切做出改变。"于是我们心潮澎湃，宛如看到了目标的实现，我们站在成功的山巅摇旗呐喊，感受着即将来临的未来，尽管在他人看来一切犹如空梦，但对自己来说，一切都是真的。

曾经有一位专业的投资家这样说："如果那是你的梦想，而你又有信

第五章 精准努力：努力和看起来努力是两回事

心全然拥有它，那就用尽全力，全力以赴地为之而奋斗吧！"就人生设计而言，设计得越是完美，越是存在隐性的风险。所谓机会与风险并存，想要拥有更大的收益，拥有更多的可能，你就必须预见到其中可能出现的风险，并将它纳入自己的预算，成为自己所要承担的一部分，及时做出防范和应对准备。

有一个朋友曾向我发出这样的感慨："人们总是将冒险精神投注到眼前，而事实上，他们总是高估了自己一年内能做的事情，也低估了自己后十年所能做的事情，如果一切以一生作为运算，只要你有勇于承担的精神，足够可控的空间，就可以源源不断地为自己创造机会。那些可能发生的事，不可能发生的事，每一个灵感闪烁的瞬间，都可以以不同形式颠覆我们的三观，作用并改变我们的整个世界。"

对于很多人来说，冒险是一件备受煎熬的事情，那将意味着沉重的担当和难言的压力，因为不够确定，所以夜不能寐，整个身心在挣扎中看不到将来，它意味着我们会在高倍数的投入后，陷入毫无希望的未知，要么在黑暗中继续探索，要么直接悄然陨落。事实证明，没有多少人情愿在这样的境遇下过生活，但对于一个自我设计感强烈的人来说，越是身处在这样的状态，机遇感越是能够引发兴奋。对他们来说，这个世界没有输赢，所有的情节都可以被智慧转化，那将是一种全新的演绎，看似冒险，却有笃定的认知，每一个决定，都是经得起反复推敲的。

曾经在一本书上看到过这样一个故事：

有一位种植竹子的庄园主，将竹子的幼苗种进土里，然后小心翼翼地

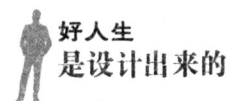
好人生
是设计出来的

用土盖住,竹子的幼苗要在土里沉睡整整四年的时间,以至于四年的光阴里,庄园主每天来到地里的时候,都不会看到任何希望。但即便如此,他还是用心地浇灌它们,照顾它们,直到四年的时光过去,沉睡的竹子开始一个个地破土而出,之后 90 天就长到了 20 米,体态逐渐变得粗壮而丰盈,这个时候,庄园主终于验证了自己的信念,他成为竹子的主人,也成了历时四年后最富足丰盈的人。

四年的时间虽然会发生很多事情,但是倘若你认准了这只大设计的股票,就要带着坚定的心矢志不渝地坚持下去,虽然不知道躺在地里的竹子是否还活着,人生的每一天却不至于因此停滞不前。如果用心发现,就会意识到我们要为自己做的事情太多太多了。

人之所以愿意冒风险,是因为风险之后会得到更多,倘若人生如常地继续,也不过是如此,倘若冒着风险尝试,会让自己拥有更多可能,那么最好的方式,就是将自己的一部分融入洪流,带着孩子般的好奇心,等待这份风险背后的礼物。为此,我的一个朋友说:"所有有价值的东西,在最开始时都可以把我吓死。"如果你在迈出新一步之前不感到害怕,这就意味着,这一步对你而言还不够。

在这里,我不想再灌输鸡汤,只是想从最实际的角度来对风险收益进行一个准确的评估。有人花费一生的时间筹划一件事,却终其一生都没有迈开那勇敢的一步,问及原因,他们被各种各样的风险和传闻打蒙了。刚刚开始就停滞不前,这样的事每天都在生活中发生着。

明明想要出版一本自己的书,刚写一个开头就放弃了。明明定立了三

第五章　精准努力：努力和看起来努力是两回事

年内赢得一百万的目标，却因为看不惯公司里惯常的职场政治，辞职待业了。明明有了很周密的创业计划，却因为别人一句无心的嘲讽，彻底将念头从心底打消了。看到这些，我们只需要结合自己，稍微对号入座就会发现，原来我们面对风险时，呈现给自己的竟是如此不佳的表现。

及时止损的信念锻造了我们内心世界强烈的恐惧，我们很可能会因一个很小的迹象而停滞不前，无法泰然地承担其中可能发生的一切，于是事情做了一半，便不再继续了，于是所谓后来也就没有了后来。于是鲜活的人生大设计，就成了自己给世界最美的骗局，而这一切的根源，都在于我们不能为自己的担当做足准备，因为害怕失去，所以会因此失去更多。

落笔到这儿我突然想起了一位朋友说的话："敢拼，想好了就上啊，一切还没结果哭什么啊？看清资本，做自己想做的事情，即便最后倒霉真看上了你，到那个时候再痛哭流涕也不迟啊！反正都是哭，可为不确定的事哭鼻子，那就太没出息了。"

敢想敢干的人，总是会在第一时间，将风险和机遇收入囊中，尽管他们的内心也会充斥恐惧，但他们依然会坚定自己的步子，一刻不停地继续前行。机遇是一个爱搞恶作剧的家伙，它会先乔装成霉运吓退渴求它大多数的人，随后才会犹如一只温顺的小猫，静悄悄地趴在那些专注等待它的人身边。

就人生设计而言，我不敢说每一次投入你都是那个赢家，但在维系平衡的状态下，斗胆地搏上一搏，顺势考察一下自己的智慧，也是一场不

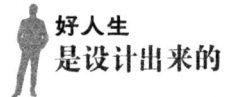
好人生
是设计出来的

错的游戏。它或许会成为你整个生命流程中恢宏的一笔,而如此鲜活的存在,往往对成功者具有强大的吸引力。"拼过,忍耐过,坚韧过,此生也该无怨无悔。"所以,只要认定了路,就毫不犹豫地坚守下去吧!

好运永远青睐有准备的人

有很多人问我:"究竟怎样才能交到好运呢?"其实对于这件事,我也曾探究过很久,就能力而言,除了一些特殊情况外,人和人之间其实并不存在太大差异,可为什么有人一路走得很顺,有人却历尽坎坷未成正果呢?之所以存在这样的问题,还是让我们先向内挖掘,看看问题究竟出在哪里。

其实对于交好运这件事,核心就在于我们是否对它做好了充分的准备,我们不敢确定机遇什么时候会来敲门,但却可以准备随时被它唤醒。在这个充满思想互动,行为交际的社会,对于一个想成就梦想的人来说,所要为自己做的事情实在太多太多了。

一早起来,我们需要给自己至真的鼓励,而后续的清单会帮助我们罗列一天的行程,尽管面对一些问题的时候,也多少会有些沟沟坎坎,但倘若自己能在面对它们的时候,毫无惧色,那处理起来应该也是一门漂亮的活计。对于向往的技能,每天拿出时间来刻意练习,对于那些想了解的知识,即便是从牙缝里挤时间,也一定可以受益匪浅。尽管就一天来说,每

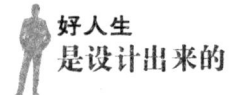

个人都拥有属于自己的二十四个小时,但倘若自己能够将时间充分利用的话,每分每秒都将绽放能量,你会因此拥有更强大的信念,同样可以拥有更强大的人生。这一切分分秒秒中都在存续的能量,不断地积累,会让整个身心变得踏实。于是我们不再犹豫,也不再做与不做间彷徨,我们开始认真审视自己的人生,审视自己想要的一切。于是,在运气的带动下,我们的小气场开始逐渐膨胀起来,我们因此有了前进的动力和目标,也因此看到了远方那个最理想的自己。

其实就事件而言,从起因到经过,再到最后的结果,一切不过是这个世间发生的现象,无所谓对错,也无所谓好坏。从无常的观点来看,生生灭灭,起起伏伏,似乎没有所谓一成不变的规律。但是,之所以有人总是能在这个过程中拥有好运,在于他们把握了成就好运的几个关键,倘若我们能够善用这些元素,把握好运营在生命中的资本,便可以有效地驾驭机遇,将好运加在自己头上。

第一,正念的发心。

对于一个人来说,倘若你的目标只是为了发笔小财,那么好运不见得光顾你,原因就在于它所能带来的能量太小。如果一个人心中只有自己,每天做的功课都是想着如何让自己富裕起来,那么他的意识将永远只能与自己对接。

人生设计中一个最非凡的亮点,就是它能够将我们自身的愿景与更多人的心紧密连接在一起,你可以在实现自己梦想的同时帮助到更多的人,你可以切身帮助他们解决问题,可以有效地消除他们面对的困境,你可以最大限度地给他们带来快乐，让他们也能更好地成就自己的人生。如若是站在这样的目标来进行自我的设计工程，那么我可以说，只要你在发愿的过程中出自真心，那么冥冥之中好运就已经开始与你如影相随了。

第二，顶配的知识系统。

别人之所以交到了好运，而自己总是会差一步，根本原因可未必全都在运气上。在这个竞争激烈的社会，谁具备了知识和技能，谁就距离好运更近了一步。想想吧，为什么别人能够在接收信息的一刹那间做出反应，而自己却坐在一边无动于衷，为什么别人在进行人生设计的时候能够拔得头筹，而自己却始终精神涣散？

为什么别人在与人交谈的时候能够出口成章，而你却言辞晦涩？这个世界最公平的一点就在于，它永远遵循着强者为王、适者生存的原则。之所以别人能够被机会一眼就看上，而你连身边的陪衬都算不上，其中的关键就在于，你无法做到专业，也没有认真建设过自己的知识储备，什么叫书到用时方恨少，钱到月底不够花。但凡是有点经历阅历的人，都应该知道问题出在哪里了。

第三，超强的决断力和判断力。

现在很多人都说："当年机会来的时候，自己也想过，但思前想后，咱不敢啊！万一是个陷阱整个家就完了。"每当听到这样的话，我总是无奈地摇摇头，人生的大设计中，最重要的一个环节，就是在把握自己人生机遇与风险的过程中拥有敏锐的决断力和判断力。

我们需要结合自己的阅历、经验以及强大的知识储备，去潜心挖掘这

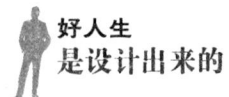

些内容背后的信息。单从这一点上,我们就能明白为什么好运总是追着一些人走。你总是可以从他们的行动上看出一些与常人不一样的地方,别人放弃的时候,他出手,别人出手的时候,他放弃,别人恐惧的时候他狂喜,别人狂喜的时候他焦虑,这就好比一个人无声无息地获得了未卜先知的能力,总是能够先一步嗅出机遇磁场中不同的味道,他的思虑好像雷达一样敏捷,而决策也就自然而然被衍化为超神一般的精准了。

第四,强健人脉助力资本。

有人说一个人是否能够牵着好运走,单从他身边都是什么样的人就可以直接判断出来。聪明人的世界里,从来不缺朋友,而且是从来不缺有用的朋友。你之所以交不到好运,很大程度上取决于你的人脉基础不够牢固,很多信息人家接收到的时候,你正翻着白眼看天空,而轮到你知道的时候,黄花菜都凉了。

之所以会出现这样强烈的反差,就是因为你的人脉没有人家的灵,人越身处于上层,思想和信息就越是会与之同频,所以聪明的人,会源源不断地更新自己的朋友名单,将那些可以为自己带来好运的人一一细致地加以看顾。

因为打交道的时间长了,有形无形的,自己看待世界的角度就会跟着发生变化,于是扑朔的机遇就这样席卷而来,尽管在别人看来,那一切都是看不见的捕风捉影,但冥冥之中,你的人生已经因为别人的一句话,掀起了惊涛骇浪,此时乘风正逢时,因为人脉过硬,好运的直通车才会更愿意为你停留,这是我们维系社会最有利的资本,因为人与关系的存在,人生也必将因此而不同。

所以，看看自己无形中与别人的差距在哪儿，然后下意识地付诸更为精准的努力吧。这个时代永远会更倾慕有准备的人，不管身处于什么行业，不管个人现在的状况如何，你都可以基于这几点要素来重新构建自己的人生，让系统变得更加清明，让资本变得更加雄厚，让信心在不断地勤奋努力间叠拼，我相信当你真正下意识地转变态度的时候，好运就在不远处悄悄地朝你观望，它期待着你的一个改变，对于这件事，什么时候开始都来得及。

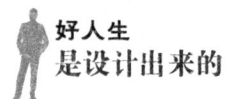

当你想稳定的时候，斗志就在慢慢消退

曾经有很多学员对我说："老师，如果我有一天赚到了一个亿，我就一定要停下来享受生活，去看世界最美的风景，好好享受人生的乐趣。"每当我听到这样的声音总是笑笑说："但愿你赚到一个亿的时候，自己还是这么想。"为什么同一条起跑线上，有人经历了十年身价百万，有人经历了十年年薪千万，有人却拿着几千块钱的薪水，银行账户上只有那屈指可数的存款？就这一点来说，我们真的不能以智商定输赢，真正决定命运的在于你对明天的设计，也就是说，你的远见能看到哪里，你的明天就会站在哪里。

想想吧，就在20多年前，当时银行的利率很高，很多人认为，只要自己有几十万元躺在银行里，光吃利息这辈子也能吃香的喝辣的。于是把钱全都存在了银行，再也不去考虑奋斗的事情。而有些人，却开始利用手中的资本打起了新的算盘。我记得那时候，有一个小伙子开了一家房屋中介公司，有一次跟他闲聊的时候，他告诉我："未来中国的房子肯定涨价，我现在有钱就囤房子，现在手里已经有了几十套房子，对于出售我一点都不着急，我只是安静地在等待时机，此时是投资房产最好的机会，我在等待我生命中的第一桶金。"很显然，那是一个很有设计远见的人，他知道怎样以小博大，知道怎样更好地运作人生，尽管就当时来看，这样做是存在风险的，但经历了20多年的房价提升，我想，倘若他始终保持这样对人生投资的警觉性，应该已经赚得盆满钵满了。

股神巴菲特曾经说过这样一句话："要在别人恐惧的时候爆棚你的野心，要在别人安逸的时候捡起你的恐惧。"这里面最浅显的道理就是居安思危，危机感对于这个世界来说，是最能创造价值的，因为你对现状不满意，所以脑子里无数的念头都是转变模式，寻求突破，而当一个人在精神意志上时刻保持这样活力的时候，成功的灵感就会源源不断地向他涌动。因为不够安全，所以要以更为机警的视角看世界，因为总觉得眼前的一切不是常态，所以才会寻觅更好的发展，当世界的机会与危机同时摆在我们面前的时候，有人生设计观的人会权衡自己的资本和承受能力放手一搏，而对于那些没有胆量只知道享受安逸的人来说，眼前的一切，乃至未来的一切，永远都是一成不变的。

很多人认为，人生大设计就是让自己能够拥有稳定的，美好的，更为富有正念的完美状态。但他们没有意识到，想达到这样的状态还需要你有一个不断向前攀升的上升空间。如果有一天有人说，人生大设计能够让你长期住在自己的安乐窝里，那我敢说这样的设计一定是害人的。渴望稳定意味着你在心中已经划定了一个舒适区，场景越舒适，感官就越会受到局限，以至于后续的上升空间都在一点点地被锁定吞噬，你的灵感会因为舒

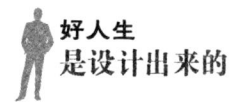

适而受到障碍,过分追求安逸,会将一个人变成温水中烹煮的青蛙,外界世界对你的吸引慢慢消失了,你对于新鲜事物的感知能力也越发地迟钝下来,你开始对身边的一切漠不关心,而对于一个渴望持续成功的人来说,没有什么比这样的状态更为可怕的了。

想想看,二十多年前那些把钱死存在银行的人最终都怎样了?那些采取行动适度改变的人又怎样了?那些拿着钱设计投资的人怎样了?那些精准投入、做主人生规划的人又怎样了?同样的资本,不一样的运作,这不仅仅是一个人对于金钱的敏感,还有他们对于人生设计视角的差异和不同。

一个站在时代前列的人,时代永远不会亏待他,因为他看清了明天的脉络,也就自然把握了自己生命的脉络。他知道明天的自己应该带着怎样的目标去生活,而面对未来的新时代,自己又应该以什么样的方式超越自己。他们始终觉得,社会腾飞的背后永远伴随着更多的挑战、改变和危机,倘若这个时候自己不顺应时代,很可能一个不留神,就会与大好的机会失之交臂。因为不愿意与未来脱轨,因为不愿与当下同步,他们的眼睛处处都在盯着可能发生的事,时刻寻思着如何借力寻求发展,他们的思维每时每刻都是活跃的,他们会创造出各种各样的人生打法和体系,而这一切不仅仅是为了当下的得到,更多的是想要在掌控游戏规则的同时获得更大的收益。

于是,就这样,危机成为他们生而为人最热衷的共振所在,一切改变源自他们热衷于改变,因为这种信念从未退化,所以人生从来都是自己做主宰。想象一下，倘若有一天，你对自己的判断能力能够上升到"诸葛亮借东风"的状态，一切心中的推测都能快速地兑现于未来，倘若这份技能已经炉火纯青地融进你生命的全部，倘若激情满满的内心彻底摆脱了稳定，这样的人生会不会更有挑战，更有成就感呢？

由此可见，一个人过得好还是不好，从来都不应该是怨天尤人的，工具摆在每个人面前，机遇面前人人平等，只要你愿意观察，大千世界总会有一条路是适合自己的。人生的设计之所以能够帮助我们推衍未来，那是因为我们真的秉持着富有前瞻性的活力在与改变同步，聪明的人对于这个大好的时代，心甘情愿地"提心吊胆"过日子；而寻求安逸的人，却开始封闭自己的眼睛和耳朵，两耳不闻窗外事，一心卧在安乐窝。

这时候可能有人要问，老师，对于一个想要改变的人来说，我们究竟应该怎样寻求改变？就这个问题来讲，一切都是由内而外的，我们首先要转化的是内在的惰性，我们需要通过外来的信息刺激擦亮那双体察机遇的眼睛，我们需要知道我们需要的东西在哪里，我们想要成就的事情该怎么做，我们需要知道我们应该从哪里寻求助力，我们需要了解成就这一切的所有信息和知识，我们需要它未来的发展指数，我们需要时刻对自己进行改良，将那些陈旧老套的逻辑推陈出新。

在这个时候，一年看一百本书的人跟一年也看不了一本书的人是不一样的；源源不断补充知识听讲座的人跟每天手机刷淘宝的人是不一样的；利用碎片化时间学习技能并活学活用的人，跟那些只知道上班下班的人是不一样的；不断搜寻咨询，保持敏锐分析头脑的人，跟只会吃饭聊大天的

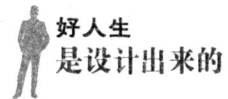
好人生
是设计出来的

人是不一样的。想要拥有什么样的人生，就需要在什么样的行动意识中挣扎，倘若眼前的安逸从未真正打消你继续前行的念头，那么从现在开始，将生命融入挑战，保持超强的学习力和把控力，与时间赛跑，与时代争锋，如若几番回合豪情仍在，我想拥有这样人生状态的人，运气应该都不会太差的。

第六章
时间管理：一个关于生命总和的"奥德赛"计划

把握不了自己的时间，就无法更进一步把握人生。生命是由一连串的时间数字组合而成的，我们在不同的时间阶段，做着截然不同的事情，而这一切都在于自己让人生的设计更加丰盈充实。想想吧，如果时光倒流，你会以什么样的态度管理你的时间？对于当下的时间状态，你真的满意吗？

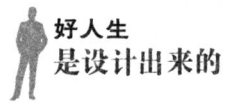

好人生
是设计出来的

别让选择耽误你太长时间

"老师,当人生设计面临两难抉择的时候,我们该怎么办?"很多学生在提出一系列人生改良要求后,总会附加上这样一个问题。而我给出的答案是:"最好不要因为这个问题耽误太长时间,因为越是耽误,你越是有可能与那个最佳答案越来越远。"

人生设计是一项需要对自己担负起责任的强大工程,每一个细节都需要经过反复的推敲,才有可能划定在自己一定要为之努力的范围之内。可是面对抉择,很多人都会陷入焦虑情绪之中,感觉眼前的一切犹如手心手背,放下哪一个都将是生命中的遗憾和损失,于是就因为一点蝇头小利,便放弃了整个森林,很多人在选择上开始优柔寡断起来,今天寻思着东边,明天又跑到西边,这样拉拉扯扯了好一段时间,等到最终咬牙跺脚的时候,发现一切已经为时太晚。

其实做抉择并没有那么困难,即便是在两难的境地,只要你认真倾听自己的声音,就会接收到最正确的答案,而且第一次说出的答案,往往要比反复琢磨出来的答案更为精准。每个人都有自己面对事情的精准直觉,我不能说这种感觉绝对正确，在两难中抉择将会让你失去更多，就不妨斗胆一试，说不定就能撞上一个不错的结果。

我曾经有一个学员，在经历人生设计历程的时候，一下子接到了两份重要的 Offer，都是 500 强的大公司，薪水可观前途无量。或许因为这份诱惑实在太大了，当他开始在两难境地中徘徊的那段日子，他对我说，真的可以用煎熬形容。

学员告诉我，因为是人生的重大选择，他每天睡觉的时候都在琢磨着这件事，终日茶不思饭不想，却怎么也没有勇气做出最终的决定，最后犹豫来犹豫去，时间就过去了很久。等到自己恨不得用抽签的方式解决问题时，对方反馈来的信息是："不好意思，你接到 Offer 那么久都没有一个认真的回馈，我们认为你这样的行为是很不负责任的，而我们的公司更青睐于英明果断的员工，从这一点上来说，我们只能说抱歉，希望你能有更好的机会，拥有一份更适合你的工作。"接到这样的消息可想而知，那是一个怎样的晴天霹雳，他拿着手中的拒绝信哭了好久，最终给我写信，而此时的我也只能没好气地说："现在找我有什么用？一切还不是你咎由自取。"

对于抉择这件事，你第一时间做出的决定未必一定要比后续深思熟虑一番的决定差到哪儿去。当问题出现的时候，一些最有价值的信息会通过大脑直接传输到我们的潜意识，让自己对眼前的一切做出判断，而越是在这个时候，我们越是能够对整个时局加以把握，最终做出一个更为英明的决断。但现实生活中，很多人面临抉择的时候，总是愿意花费更多的时间

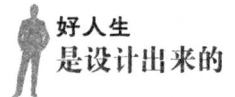
好人生
是设计出来的

思考,可越是思考,越是会被套牢,如此畏首畏尾不敢向前,时间长了,整个人都会被拖垮的。

将大好的时间消磨殆尽,直到时间对我们没有了耐心,我们也会因此对自己的抉择丧失自信,本来手里是一副好牌,却在两难抉择前成了败笔,我们无法以最好的状态作用人生,更不要说提升自己人生的设计水准了。

人生的旅程,岔路口随处可见,但对于自己来说,究竟什么是该留下的,什么是无须纠结的,什么是抓阄都会让自己赢的,一切都要在最短的时间内搞清楚。尽管就有些事情而言,细致的推敲并不算错,但站在机遇面前,倘若总是犹豫来犹豫去,它就会快速地离你远去,化作瞬间飘散的空气,让你再也看不到它的影子。

其实就选择来说,其核心要点在于,你觉得什么最适合自己。眼前选择的条款哪些更适合于你的未来。倘若眼前的一切都是渺茫的,不妨下意识找一张白纸,将那些脑海中的关键词罗列出来,然后贯穿成线,对比性地制作出两份对应需求的思维导图,在制作导图的过程中,我们可以更为清晰地观测到哪一个选择更接近于自己的标准,哪一个选择能够更节省效率,哪一个选择更有希望提升收益,哪一个选择能够最大限度地富足人生。

有了这样系统而直观的呈现,我们就会很自然地对眼前的抉择有所偏重,即便是要权衡利弊,也完全不需要花费那么长的时间做选择,我们可以以前瞻性的眼光快速地将自己的视角精准定位,直白地看清内在的需求，摆脱那些不必要的诱惑和干扰。作为一个对一切有清晰认识的人来说，想要做到时刻保持清醒的认知其实并不难，但就选择这件事，却着实需要点勇气。我们需要带着镇定的心做出自己认为最正确的决定，而在决定生成的刹那，所要担当的使命和责任也已经清晰地摆在自己面前了。

　　从人生大设计的观点来看，生命的旅程就是一个选择题接着一个选择题，而这些内容往往都是在一个个的时间节点中加以呈现的。从这个角度来说，把握时间就是在把握自己的命运，尤其是在决策的关键点，毫不迟疑地表现往往要比循环往复更值得人钦佩，这个世界崇尚雷厉风行的人，因为唯有如此，眼前的世界才会顿时变得开阔，世间风情万种，道路纵横，聪明的人会快速地步入轨道，而犹豫不决的人却总是在几条路上徘徊，人生往往就是在这一刻拉开档次，悬殊的差距在若干年后甚至可以到达惊人的地步。现实的残酷根本不会给你时间哭泣，面对最后的残局，它只会冷冷地说："并不是机遇没有光顾过你，而是面对人生抉择的时候，你从来都没有干脆地回复过。"

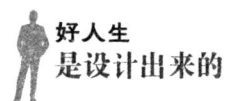

时间管理不是买本子的游戏

前段时间去看一个朋友,虽然这位多年的执教早已经事业有成,但是对于管理时间这件事,不客气地说,始终都是他的短板。我们一见面,他就把我拉到一边对我说:"你不是做人生大设计的吗?现在不如帮我制订一个管理人生的方案吧,惭愧地说,为这件事,我曾经做过各种各样的努力,可不管怎么编排,最后还是搞不定自己的时间。"这时候我问他:"上次咱一起开会的时候,你不是当着大家的面发誓回去一定要建立自己的时间账本的吗?不如现在拿出来让我观摩观摩吧。"

听了这话,我没想到他的脸唰一下红了:"惭愧啊,我2010年买的本子到现在还是空白的,后来2011年,2012年,每一年我都会为自己购置时间账本,可是最终上面却始终没有一个字。人啊,忙着忙着就什么都忘了,尤其是公司里的时间,根本没谱,即便是做好了计划,也未必能够贯彻执行,于是越写越灰心,越写越觉得没有意义,最后干脆就扔到一边了。""怕就怕你这样的。"我说道,"本来说好的事情,自己做不到,长此以往,就算我给你设计得再精致,你一转身就开始继续这样买本子的游

第六章 时间管理：一个关于生命总和的"奥德赛"计划

戏，意义也是大不到哪儿去的。"

"难不成我就没希望了？"他说道，"老实说，人生的大设计，首先就得从管理自己的时间开始，无法把握分分秒秒，分分秒秒就会从自己的手中流失，到最后算来算去，算的全部都是自己的罪过，越是罪过就越是绝望，最终只能像我这样，被你视为最难改变的顽固分子。"

"你觉得建立时间账本的目的是什么？"我打断了他的话问道。"当然是要罗列自己一天中一定要做到的事情，让整个时间过得更加紧凑有条理喽。""只答对了一半。"我说道，"时间账本的存在价值在于，你能够循序渐进地找到掌管时间的感觉，并因此将自己调整到一个相对满意的状态。这样的状态有益于你更好地经营自己的人生，并从中源源不断地收获自信和成就感。"

"如果是这样，为什么我的时间管理会是一地鸡毛？"朋友问道，"显然这些一个又一个的本子没有给我的生活带来任何改变。""那是因为你没有找到本子的频率，你对于时间的方向感和敏锐感还没有真正意义地发挥作用。"我说道，"所谓时间账本，其实是你对自己一天、一周、一个月甚至更长时间的自我观察，在这个过程中，你可以觉察到很多东西，你可以测试多长时间内你可以翻完一本书，可以了解在怎样的时间节点，自己可以全然地进入心流状态，你可以对自己的睡眠时间有一个清晰的了解，你知道在多长时间内，自己可以终结一份漂亮的策划案，你可以敏锐地觉察到，自己在几分钟内，情绪可以转危为安，你可以有计划地将时间整合，即便是在上班路上的半个小时，你也可以提前完成多项邮件对接，你可以

137

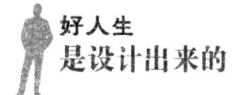

对手中的时间做出分类和选择，看看自己在怎样的时间节点，自己的休闲时光才算痛快淋漓，你需要多长的时间从一个领域转化到另一个领域。你可以精准分析到你对于不同时间段采取的不同方式和态度，你会更为精细地把握它们的脉络，让所有的时间点转过身来为自己服务。当一个人对时间有了超强的驾驭能力，他才更有可能将人生的设计落地，所有的规划才真正有理由照进未来，否则，即便是我为你规划得再好，一旦时间乱套，所有的一切都会随着你的慌乱失去控制，到时候我的努力就像你手中白白流失的本子一样，看似励志光鲜，其实一文不值。"

一个对时间有概念的人，他会将驾驭时间变成自己的能力和习惯，别人还没有做出行动，他的潜意识已经开始自然地呈现出下一个节点的动态，因为秉持着这样的坚守和惯性，他的每一天都会按照预期的轨道紧锣密鼓地进行。或许你还不相信，善用时间的人究竟可以把时间利用到怎样炉火纯青的地步。他们会跟别人一样潜心工作，他们会像你一样享受生活，他们同样会在生命中经历各种各样的挑战，但有所不同的是，不管什么时候，他们手头总会有充裕的时间资本帮助他们将一切做得有条不紊。

他们将时间账本作为生活中自我调剂的一部分，一系列的数据和打卡，可以帮助他们精准地把握时间的火候，他们不但对自己的健康生理时间有一个清晰的认识，还可以以此为基准更好地为自己做出计划，既可以让自己得到有效的休息，又可以在不疲劳的状态下持续地打拼工作，由此，他们的工作和生活效率大大地提高了，以至于每当你回过头观察他们的时候，总是要忍不住惊呼："天知道这家伙手里哪儿来的那么多时间，

第六章 时间管理：一个关于生命总和的"奥德赛"计划

这样浩大的工程都能一个人搞定，时间如此有限，他是怎么做到的？"

当你提出问号的时候，我想说的是，管理时间就好像在管理资本，就这一点来说，源源不断的测评和体验，就是对自己最好的投资，唯有真正拿捏好自己的节奏，你才能更好地开源节流，潜心地调整好自己生命中的收支平衡。你才能够在该加油的时候开足马力，在该刹车的时候悬崖勒马，一切的行动就这样慢慢变得平稳而有序，虽然看起来不过如此简单，但真的想做到这一点，还是需要好好下一番功夫的。

时间是一个人生命中拥有的最直接的资本，想要以怎样的方式利用它，以怎样的状态去经历它，有了这样的想法，你就顺利地从单一的经历时间上升到了管理时间的维次。很多人在听了老师的课以后都曾雄心壮志地说："从今天以后，我要好好地驾驭好自己，从点滴小事做起，管好自己的时间。"可最终的结果就如这位朋友一样，将崭新的本子换了一个又一个。人生其实就是一个最直观的人生账本，但残酷的是，它永远都不可能重来，尽管在一年一年的光阴中，你可以多次重复自己的决心，但想要将这份财富牢牢抓在手里，就不要再犯虎头蛇尾的毛病，保持一颗稳定的心，一颗恒心，一颗勇于坚持的心，才能最终将完美的设计进行到底。

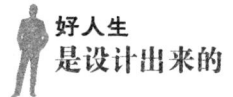

好人生
是设计出来的

欲望无限而时间有限,让身体量力而行

因为工作原因,我曾经在晚上九点钟给一位酒店的老总打过一个约访电话,当时对方接起电话说:"很抱歉,刚才我在洗漱,过一会儿我就要休息了。""您休息得挺早啊。"我说道,"已经坚持了很久了吗?"他笑笑说:"是啊,已经坚持了十多年了,白天的工作不允许我有任何差错,所以我必须要休息好,这样才能确保自己头脑清晰,精力充沛地去完成一切。"听完这话,我来了精神,当时心中产生了一个执念,心想究竟这个老总是如何安排时间把握自己旺盛的生命力的呢?

于是,到了约访的时间,我便下意识地提出了这个问题:"你究竟是怎样完善好自己的作息时间表的呢?""哦!这个问题啊,没什么保密的,我可以开诚布公地和你分享。"老总说道,"我早上一般都会六点起床,列下自己今天的工作计划,然后享受一顿丰盛的早餐,一切完毕后,大概七点左右,我就启程去上班,路上我会戴上耳机听一本书,或是了解一些业内的重要新闻,如果当天要开会演讲,我会借用路上的时间,重新复习一遍所需的内容。到了公司,大概八点,我会去酒店的健身房健身30分钟,

第六章 时间管理：一个关于生命总和的"奥德赛"计划

然后换上干净的衣服开始一天的工作。中午的时候，吃过工作餐我会放上舒缓的音乐，在座椅上闭上眼睛冥想三十分钟，这对恢复体力很有帮助。之后是下午的工作，一切按部就班地进行，我们有严格的计划安排，但凡是我所要参与的工作，我都力争当天完成。六点钟的时候享用工作餐，八点钟如果不出意外，整个工作就会接近尾声。回家的路上，我会放一些舒缓轻快的音乐，看看自己喜欢的书或是干脆闭上眼睛休息。不再给自己的大脑带来更多的压力，我会尽可能将工作的事情抛到脑后，全然沉浸在下班路上这段专属于自己的时间里。到了家，我会主动关闭工作的手机，和家人们待一会儿，逗逗家里顽皮的小泰迪，之后走进书房写写日记，总结一下今天一天的工作得失，九点的时候，我会洗漱泡澡换上舒适的睡衣靠在床上享受最后的阅读时光，到了十点左右，感觉眼睛稍有疲累，我便不再强制自己读下去，即刻关灯睡觉，而第二天六点的闹钟会自然响起。"

"您不会晚睡早起吗？"我问道。"当然不会，如果是这样，第二天整个人面对工作的时候都要崩溃了，总裁做的就是总体的决策工作，如果我的脑袋不清晰，企业运营就会因此受到影响，这可不是开玩笑的事情。给你这个位置，就要担当起使命，这是负责的体现。如果我一味地顺应自己的需求，而把自己搞得精疲力竭，别人看到你疲惫不堪的样子，就会直接影响到企业的第一印象，老总都如此，更别提这里的员工，这个企业没有活力，整个体系都相当疲惫。如果你给所有人的感觉都是如此，小心这种感觉会传染，而且传染的速度肯定超出你的想象。管理时间是为了管理精力，而精力决定你的未来，身体或者精力没了，活着的状态就犹如行尸走

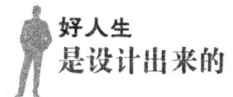

肉。与其如此，我宁愿身体有残缺，但精力却无比旺盛，这样的生命状态，至少每一天，都如此的富有朝气，因为你能够拿出精力欣赏它，所以你不会因此错过任何美好。"

前段时间在小红书上看到了很多积极奋进的人，他们四点钟起床，十二点睡觉，有的坚持了一年，有的坚持了两年，他们说感觉自己的生命因此更富有了，说实话，那种挑灯夜战的感觉着实让人亢奋。但冥冥之中我发现了一个奇怪的现象，那就是，他们所有人说话的时候，声音都很微弱，有气无力，脸上充满了疲惫，眼睛明明是睁开的，却失去了本有的神采。暗淡的灯光下，专注成为一种意志力的锻炼，以至于我不禁想问，所谓的晚睡早起真的具有科学性吗？

不可否认，年轻人应该早起，但前提是你不要晚睡。这样的早起绝对可以让你精神焕发，倾听鸟儿鸣叫的声音，看着天渐渐亮起来，至少你的身体可以赋予你能量，让你可以沉浸地享受其中。但事实上，很多人早期并不是这样，他们过分地相信早起宣言，结果把自己搞得筋疲力尽，如果是这样，那早起就没有意义了。

我认识一个律师，他说自己每天早上五点起来研习《民法典》，然后去外面打太极拳，吃过早饭以后开车去上班，直到深夜才回来。有一次我跟他外出办事，他走到半道上就把车停下来，对我说："不好意思，我得休息会儿，我现在脑袋一片空白，身体很疲倦，这样开车很危险，为了你我都能安全，你稍等我一下好吗？"听了他的话，我当时满心的同情，觉得他的工作压力实在太大了。此时的他已经是快要五十岁的人，如果再这

第六章 时间管理：一个关于生命总和的"奥德赛"计划

样因为早起折腾，恐怕是要把自己累垮了。

后来我间接地了解了一下他的日程安排，发现就真实需要来说，他的生活并不是那么需要他刻意早起，他是企业的高级合伙人，律所有些时候的确很忙，但有些时候也不过是一些可有可无的日常琐事，但即便是这样，他每天完成工作也要晚上十点钟左右。到了家，已经快接近午夜，第二天又是五点起床，如此这般，时间长了，不把身体拖垮才怪。

曾经有一个科研室做过一个实验，他们将一个欠缺睡眠21天的人，和一个保持充分睡眠的人放在一起，发现他们的精神状态已经产生了很大的差距。想想看如果这种差距不是21天，而是一年或两年，距离那个心中向往的完美自我，是更近了还是更远了呢？

就时间管理而言，首先最应该编排好的就是一个人的欲望，不可否认，超强的行动力和拼命的落地精神确实值得人钦佩，但倘若真的要以付出生命成本的代价加以交换，一切就要另当别论了。大设计是为了让我们的人生变得越来越美好，而不是终日地在一种欲念丛生的疲累状态下生活。所谓坚持，是一种在持续完美的状态下不断提升的过程，它需要我们拥有更为强劲的体能和精力，意味着我们将要拥有更为强大的思考力和判断力，倘若一味注重眼前利益，生活将无所谓生活。人生大设计的目标是让我们拥有一台能够随时转动的财富机器，而不是让我们成为机器本身，生活中有太多的美好值得我们去经历，如若一味受到欲望的驱动，即便是最终真的赢得了天下，享受天下的那个人也未必真的就是你啊！

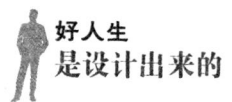

把时间分好类，然后全情投入吧

很多人都会遇到类似的问题，明明自己在度假，脑子里却始终都是积压成堆的工作，明明现在想要闭上眼睛好好休息，一系列的度假计划却让自己想得越来越兴奋，明明是一餐好饭，大脑却始终在思考着与某人之间的关系，明明是和自己最爱的家人在一起，眼前浮现的却是一个糟糕人给自己带来的不堪。

总而言之，我们的大脑总是不能与我们当下要做的事情同步，它始终在另一个模式下运转着，思考着距离我们不远不近的事，作用着我们的焦虑和担心，但当我们真正下意识地要沉浸其中的时候，却发现这一切与当下自己的状态完全不符，这种感觉就好比是自己在与自己进行搏斗，你不知道对方存续在哪个空间，但他就是能够在暗处操控你，用烦恼填满你原本惬意的思想，让你陷入与他一样的兴奋、焦虑和不堪。

曾经有一个学员就跟我阐述过他的一段经历：

我只记得当时的自己正面对着蔚蓝的大海，天气是那么的晴朗，四周围绕着宁静与喜乐，我的爱人就在不远处和孩子嬉戏，爽朗的笑声本应让

第六章 时间管理：一个关于生命总和的"奥德赛"计划

我的内心充满愉悦。但是当时的我，却靠在沙滩上一动也动不起来，脑海里全部都是假期结束的会议和工作，那一系列的编排在我的脑海中是如此的清晰，宛若此时的自己已经进入到高位的思维备战状态。我在会议中所要谈论的一切，一举一动，每一个细节都在我的脑海中闪动，以至于最终广阔的海滩在我的视线中消失了，我整个人都感觉坐到了会议桌前，整个人的状态就是熟悉的紧张的工作状态。

老师，您知道吗？当时我的感觉糟透了，心想既然那么想工作，为什么还要来这里度假，我无法完全沉浸在本该属于我的享受中，一切美好的事物，因为大脑放不下而黯然失色，我这个时候觉得自己在用意志扼杀着属于自己的美好光阴，我明明知道在这个时间部分，自己应该拥有什么，却不能牢牢地把它们抓在手里。

我感觉自己在这种无端的思维运作模式下失去了很多生命中本该拥有的乐趣，可是天知道是怎么回事儿，我就是停不下来，而且状态越来越兴奋，直到我最终被里面的灵感深深吸引，开始迫不及待地拿出掌上电脑将所有的内容进行编辑整合敲定，直到一切内容变得优质而完美，我的心才终于安放下来，开始渐渐松弛。您或许体会不到当时的感觉，我像是一个失去能量的气球，因为大脑快速的松绑而瞬间失去了力量，我软软地瘫在沙滩上，对外界的一切都不再有兴趣，此时我忽然感觉到一种生活的凄惨和无助，感觉自己就好像是一个无法调整频率的机器，总是在模式乱套的境遇中把自己的一切搞得一地鸡毛。

我不知道该怎样调整这一切，因为同样的事情出现后我还是停不下

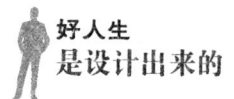
好人生
是设计出来的

来。我会在工作的时候想度假,度假的时候要工作,接孩子的时候想购物,购物的时候想烹饪,我不知道问题到底出在哪儿,我始终都在为自己设计,但空间模式始终是乱套的,我曾经因此而对人生大设计丧失勇气,觉得倘若这点小问题自己都解决不了,我又怎么去完成这么大格局的安排?我真的不知道这样的烦恼该怎么解决,想彻底根除它实在太难了。

听到他的遭遇,老实说我是感同身受的,当一个人开始意识到自己在驾驭自我方面出现问题,当他们在自我转换模式上遭遇瓶颈,当一系列的混乱在毫无准备的情况下悄然而至,猝不及防的感觉会让自己处于盲目和失控的边缘,我们不知道自己下一秒要思考什么,只能任由大脑混乱地叠加,将我们从自己的空间调到另外的空间,影响着当下时间节点的同时,将更多无意义的焦虑抛向本应美好的生活。

就人生设计而言,它是一种空间运行模式的混乱,当我们将其他空间的内容,无形地倾注到了一个错误的地方,一切本应井然有序的事情,就会在大脑的错误运行下瞬间出现断点,你开始意识到这些内容本应不是当下应该思考的东西,却自觉不自觉地将思绪倾注其中,直到眼前的事情伴随着时间一溜烟地过去,你才突然意识到,自己对当下的一切,已然是理不出头绪。

那么面对这样的事,我们究竟该怎么办呢?其实方法也很简单,塑造时间的区块,将自己所有的时间分类,整整齐齐地码放在自己的意识里,形成良好的惯性体系,保证在最对的时间,精准地完成最该做的事情。

比如我们可以将手中的时间,划分为:杂事时间,工作时间,学习时间,思考时间,休息时间和玩耍时间。并在这些时间点的空间模式标签后面,分别罗列出在这些时间区块中自己所应该做的事情,并将自己的每一天针对不同的区块一一排序,让自己对眼前要做的事情,更加分明,让自己在区块的意识指引下找到自己面对场景的最佳状态。

事实上,这也算是人生大设计中不可缺少的游戏训练,它们可以让自己快速地分辨出当下自己最该做的事,从而找回对时间状态的把控权,全身心地投入到事先规划好的完美情境中。

人生设计除了帮助我们最大限度地优化目标和时间,同时还有一个非常关键的部分,那就是我们能够快速摆正我们对待这一切的态度,精准沉浸,让自己能够全然享受其中,拥有能量满满的行动力和成就感。时间的分类可以切实有效地帮助我们将专注力划分于不同的区域,它可以帮助我们更好地接受现实,更好地运作生活,当一个人能够在任何时间节点都可以快速找到自己的频率时,毫无疑问,他将最大限度地把握人生,成为驾驭生命不二的主人。

不要在凌乱的空间模式中停留一秒,假如时间同样流过,那就让我们有效地对它做出选择,毕竟如何把握和拥有它,始终是由我们自己说了算的。

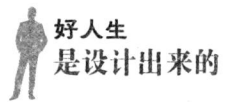
好人生
是设计出来的

一切阻力的超级变量——"行"

为什么这个世界存在那么多的阻力？好像事情与事情之间，总是要扭打在一起的，明明做好了眼前的准备，却突如其来地遭遇意外的洗礼，而对方总是一副理直气壮的样子，拿着你根本就没弄明白的依据对你说："你明明说好今天跟我一起搞定这个PPT，为什么放我鸽子？""你明明说今天下午就能搞定一切，为什么等到了晚上都没音信？""你这个人太不靠谱了，早在一个星期前就答应我的事情，到现在也没消息。"于是你被这些突然找上门来的"讨债鬼"围了个水泄不通，好不容易把自己扒拉出来透口气，心里都在莫名其妙地问自己："哪儿来的那么多事儿，我竟然答应了那么多的事情。"于是慌慌张张地调出自己的计划，发现一切在纸上写得很清楚，一切都是真的。于是一种遍体鳞伤的感觉挫伤了心智，怎么自己会这么不靠谱，这么大的工作量，难不成要把自己培养成具有机器人般神勇的超级玛丽？

但是事情就是这样，我们想当然地认为自己可以胜任一切，在最好状态下，我们一而再再而三地高估自己的能力和水平，面对眼前突如其来

第六章 时间管理：一个关于生命总和的"奥德赛"计划

的机会，面对别人可怜巴巴的求救，为了让自己不至于在挑战面前看不起自己，一系列的工作就在一个个"行！""好的！"回应下把时间安排了出去。或许对于我们来说，眼前的这些"行""好的"可能都是极好的一个选择，倘若拿出一项或者三项来进行实践，是完全可以打造出价值和精品的，我们会因此收获满满的成就感，我们会因此赢得别人更多的赞誉和青睐，但是一旦这些好事情全部挤在了一起，而自己的时间因为这些拧巴在一起的事情被挤压得根本没有喘息的机会，即便自己后续的每一天都可以适应24小时的战斗状态，你就真的确定所完成的一切，会令自己满意吗？

由此，我们不难发现，生命中之所以出现这么多阻力，往往是与我们心中的欲求有关系。我们想要拥有更多的机会，赚更多的钱，享受更美好的生活，拥有更新奇的体验，倘若生活能够将一切一一兑现，你一定会觉得老天爷实在是太眷顾自己了。倘若这个时候，你发现，自己确实拥有才华，秉持着昂扬的斗志和勇气，即便是面对比别人多出两倍的工作量也可以从容面对，倘若这个时候你坚定地相信这样的状态能长时间围绕着自己，那么很可能你马上就要登上一艘欠债的贼船。因为总觉得自己可以，所以无止境的欲望便要因此挑战你的极限，直到你无法控制局面，直到眼前的一切都凌乱起来，直到你开始下意识地抓狂于眼前的工作，完全失去了往昔镇定的格调。你手头在完成着一项工作，脑袋已经飞向了另一件事，而当你真正开始进行另一项工作的时候，脑子里还有其他事，于是每件事都不能全情投入，每一个步骤都无法秉持工匠式的精美。

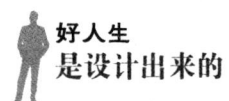

好人生
是设计出来的

想想吧,在这样的状态下完成的工作,究竟有几样能够让自己满意的?同样的工作,在无压力的状态下精益求精,与在繁杂的工作内容下敷衍了事,其所得到的结果真的能够殊途同归吗?也许就一般的工作来说,别人在审视工作的时候多少还会留有情面,但对于自己来说,里面的含金量有多少,自己是在什么样的状态下将一切完成的,它是否达到了之前的预期,是否真的堪称精美。一切的一切,不需要别人说,自己心里就应该有一把尺子。

倘若人生中所有一切的安排,都是敷衍了事,那么即便是设计得再精美,对于持有它的人而言,一切也只能是个经过。他不能全然地享受超越自己的过程,他无法欣赏一路上秀美的风光,尽管他总是风风火火,却总是在赶路,尽管他承揽了别人无法承受的工作和机会,但却只能给这所有的美好一个平淡的表情。如若是如此,如若时间的分分秒秒都是如此,你真的觉得那是自己能给这个世界最好的样子吗?

对于这个世界来说,一句:"我能行!"必须是铿锵有力的,那意味着不仅我能做,而且能够将它做到最好。但是倘若我们总是随随便便地甩出这句话,甚至无意识地用这句话去回应别人,那么早晚有一天,别人也会因为你的那句不靠谱的"行"与你产生隔阂,或许这对于你来说,不过是份工作,但一旦这份工作与别人的安排产生连接,那所引发的连带反应很可能是难以弥补的。

所以面对人生的选择,面对手头的时间,面对自己所要做的事情,在一切还尚未开始的时候,先要在心中有一个权衡。我们要看清在有限的一天中，我们的极致工作量能到哪里，最多完成几个工作项目，而在月计划中，哪些内容是自己一定要达标的，哪些是可以稍稍放一放的，哪些是根本来不及的，哪些是绝对不能粗心大意的。将一切系统地编排好，你就会发现，并不是每件事的回答都可以是"行""可以"。

我们必须如实将自己的现状告诉对方，并将自己的时间计划做到精准，我们不敢说这样就可以驱逐掉人生大设计中的所有障碍，但至少，我们可以全情地投入自己的时光，很享受地完成自己设计的一切，每当我们回过头的时候，会很欣赏地回味那一段段堪称完美的精品，我的内心会因此变得富足而完整，我们不会因为过于繁杂的内容而凌乱了身心，而是在清明美好的境遇中，全身心地迎接自己的每一天，每一段经历，每一段俊秀的年华。

第七章
情绪管理：建立负面情绪的有效防御机制

很多人规划得很好，但一波及情绪就会"翻车"。就此，情绪成为我们生命中最需要攻克的对象，我们尝试着建设各种防御机制来抵御负面情绪的侵害，却很少意识到，其实情绪也是可以通过智慧来管理的，就在它发生的过程间隙，就在它即将呈现的一段距离，有一个自由的空间，而对它的把控权始终是攥在我们自己手里的。

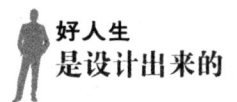

过于完美主义，理想会无限期拖延

曾经有一个作家朋友跟我分享了他的一段人生经历：

回味我走过的大部分光阴，我的整个人生状态多半都是慢半拍的。我做决定比别人慢很久，结果机遇过去了，决定也做好了。我总是比别人拖很久才到场，结果大家都到齐了，为了不至于太显眼，只能悄悄排在队伍的最末尾，然后装出一副为难的样子说："呀，你看来了这么多人，我挤都挤不进去啊！"

写稿的时候也是一样，明明签订了截稿的日期，眼睁睁地看着一切马上就要临近，可就是不知道为什么不想下笔，那段日子，我可以健身，可以看书，可以思考完成一篇随笔，但只要到正经事儿上很快就退缩了。说实话，其实之所以会出现这样的问题，主要原因在于我特别想找到自己的最佳状态，但越是停顿，状态就总觉得不对劲，结果拖着拖着，时间一分一秒过去，突然有一天觉得再不写就来不及了，这时候自己才开始奋笔疾书，突然觉得原来状态始终就在自己身边，小笔头唰唰的，写得这叫一个利落，可一边写心里就一边纳闷，怎么我等了你这么久，你到这个时候才

第七章 情绪管理：建立负面情绪的有效防御机制

灵光乍现呢？实在太不给面子了。

听到他自己的反思，我看到了他脸上夹杂的无奈和苦笑，他说幸好自己后来成了一名作家，在人生大设计上，也没有走什么弯路，倘若是才华埋没，从事了别的什么职业，恐怕就没有当下的成就了。

其实这样的事情经常有，在我的很多学员中间，都曾经出现过类似的经历，他们总觉得自己对目标需要付出更充足的准备，总觉得现在不是最佳的时机，他们总是担心自己当下去做一切将会很不完美，因为想要兑现心中的完美主义，他们宁愿花更多的时间做等待和筹备，尽管在这段时间，他们自己也不知道做了什么。

于是就这样，一天接着一天，一年接着一年，好的时机过去了，就会把理由归罪于自己的时运不济，成果做得不满意了，也就很自然地归咎于自己的专注力，尽管这些罪过在他们的意识中时常都是推三阻四的。但很多人却从来没有想过，为什么自己最终会出现这样的结果，真正的导火索究竟是什么？

从科学角度来说，当一个人立志做一件事情的时候，他的情绪和思想会出现很大的分水岭，一边是志气满满，觉得自己一定可以圆满地完成任务，另一个则在担惊受怕，一再地怀疑质疑，难道能够圆满完成任务的人真的是当下这个上下悬空的自己吗？因为总觉得这个世界存在变数，所以就这样带着拖延的坏情绪在变数中周旋，可周旋来周旋去，最终整个事情没有朝着更好的方向发展，反而让自己精神变得更紧张了，眼看着时间流过，自己的整个内心都陷入焦虑，可就是觉得整个人都不愿意动弹，对自

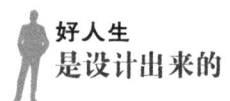
好人生
是设计出来的

己的能力和技术,产生了很大的质疑。

曾经有一个学员告诉我:"尽管我知道,就专业水准来说我可以做得很出色,但是只要一到关键时刻,我就觉得自己整个人都被掏空了,我的脑袋一片空白,觉得什么事情都做不了,于是我开始对自己说:'也许今天状态不好,不如休息一天吧。'结果您猜怎么样,我就这样一个休息接着一个休息,可状态却始终没有好到哪儿去,但是当时间的紧迫感开始作用身心,以至于我不得不上手的时候,却发现原来自己对眼前的一切并非无所适从,我会快速找到自信,但过了这段经历,自己还是会回归到老状态,一脸质疑的模样,在接下任务以后,陷入对它无休止的拖延和担心中。"

我们可以把这种状态看成是一种对自己能力的质疑和焦虑,我们总是觉得自己可以做得更好,所以总是想要找到那个更好的状态,但事实上,不论是从心理还是从生理上,我们的身体和思想每天都在发生着各种各样的变化,我们未必有这个运气能够随时随地找到自己满意的状态,但这并不意味着,我们不可以从当下出发,一步步把事情做得漂亮。

由此,我得出的结论是,不管我们迈出这一步的时候,结果会怎样,但迈开了第一步以后的事情,又有谁能预料到?正如某电影里说的那样:"不管遇到什么事情,想做就去做,有什么好犹豫的?即便是结果比你预料的还要糟糕,那时候再磨叽痛哭也不迟啊!"人生就是一个挑战接着一个挑战,我们不仅仅在决断力和行动力上备受考验,整个过程所需要的心智也同样会成为生命中需要攻克的课题。

想要处理内在的质疑和拖延，首先要提升的就是自己的执行力，既然一切已经设计好，那就拼尽全力将每天的计划进行到底，或许在这个过程中你会被搞得焦头烂额，或许这个时候，你会被各种挤压的工作搞得抓狂，或许就如你想象中的那样，面对着本该万语千言的论文蹦不出一个字，但至少从气势上你可以做到一件事，那就是在自己设计好的时间节点，准时地投入自己的工作，你会按照自己的时间安排打开电脑，你会按照自己的规划，一步步进行，不管在这个过程中会出现什么问题，你都可以以平静的心尝试着与它共处，但同时手头并没有要停下的意思。倘若能够做到这一点，我们多半就能快速地掌握自己的节奏，开始意识到，自己对眼前的一切并没有失控，一切都会伴随着心流的触动，重新回到正常的轨道。

人生是一场骄人的战斗，而坐在对手席上的那个人，就是我们自己。就人生设计而言，从大的框架到小的目标，只有真正努力去做才能更好地催化它的应验，生命中多半都会有机遇的眷顾，但前提是，你真的能够在关键时刻以极佳的表现将一切贯彻执行。所以，从现在开始，不要再计较那些无谓的感觉和情绪，带着一颗坚定的心，努力走完每一天的路，当你真正能够将规划成功落地的时候，就会发现，原来梦想与自己的距离并不遥远，我们正在一步步地向它靠近，越是往前走，越是容不得半点的矫情。

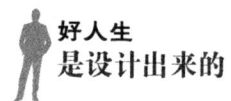

学会和自己的情绪好好相处

不知道正在看这本书的你,每当回味人生那些难熬的时刻,身心会经历怎样的感受。或许大多数的人会说:"这绝对不是什么好的感受,只是觉得即便回味,思想上也少不了一番挣扎,这种挣扎在事情发生的时候,可能会更强烈,以至于成为回忆的时候,还能让自己如此惊心。"

其实就情绪来说,它的存在本来是与我们的思想搭不上边儿的。因为从理论上来说,它的本源应该是一种我们生命体系中很特别的觉受。或许是因为这种与意识之间的连带关系有了合作和默契,每当我们意识中想到什么的时候,就会很自然地将这一切与自己的情绪感官联系在一起,这种强大的能量很快就开始侵蚀我们的身心,让我们认同于它,同时也认同于大脑意识中关于情绪判断的假象。

说到这儿,我想告诉大家的是,在这个世界上能够与情绪保持完美相处的人屈指可数,因为驾驭不了情绪,所以酿造一连串糟糕事情的人比比皆是。追溯到原因,是因为它的反应实在太迅猛,能量太强大,只要是自己的心稍微失去点平衡,就很可能被它带着进入圈套,瞬间将自己拉向一个不可知的地方。那个时候，我们会对自己产生怀疑，各种负面思想会伴随着恐惧层出不穷地光临我们的世界。只要这时候的你，面对这一切的时候失去矜持，那么很快，你就会被眼前扑面而来的信息打倒，直到丧失勇气，直到浑身虚弱，直到自己都不知道自己还能干什么。这种无谓的挣扎会延续很长时间，除非这个时候你能快速地恢复觉醒，重新找到对事情的把控权，否则在这样不确定的境遇中，真不知道还会发生什么意想不到的事情。

这个世界上，唯一不会改变的就是改变，但改变天生是让人恐惧的，并不是因为这种改变会有多么强大的毁灭性，而是因为它所传达的信息是不确定的。因为对一切无所把握，自然会因此陷入未知的焦虑，这种焦虑感越是强大，自己对现实世界的判断力就越是会受到影响，这就是为什么同样做一件事，有人做起来轻车熟路，有人却始终双手发抖面露难色，其核心原因并不在于谁比谁高明，而在于一个已经将一切做得轻车熟路，知道因也知道果，一个则抱着各种不确定性的负担，觉得一切都不是由自己掌握的。

曾经有一位大师说过这样一句话："这个世界是什么样跟我们没有关系，但我们把世界想成什么样就跟我们有关系了。"这里面最大的一个导火索，就是我们的情绪。从人生大设计的角度来说，情绪是我们需要克服的最大的因素，因为它所能创造的变动实在太大了，倘若抱着负面情绪的你，不能够快速地意识到它所带来的破坏性，很可能会在关键点上马失前蹄，到时候，即便是规划设计得再好，一个负面的念头，就很可能像多米

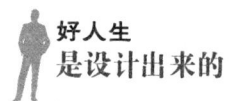

诺骨牌一样，瞬间摧毁你的城堡，让一切理想付诸东流。

所以，我们首先要学会的就是如何与情绪共处，不论是快乐的时候，狂妄的时候，紧张的时候，还是悲观的时候，愤怒的时候，焦虑的时候，犹豫的时候，恐惧的时候，我们都可以秉持一颗平静而觉察之心，看清问题的本源，担负起一切属于自己的责任。其次，我们无须刻意逃避情绪，因为这样很可能陷入更要命的挣扎中，这个时候最重要的是以最快的速度从这一系列的情绪中快速出离出来。

面对同样的摔倒，运动员的反应往往要比一般人来得更智慧，他们会更知道在摔倒的片刻如何更好地保护自己，如何把伤害降到最小，如何下意识地调整自己摔倒的动作，从而让一段痛苦的经历很快过去。而一般人对待这一切，很可能会受困很长时间，他们不但要忍受疼痛还要用更长的时间治愈内心的创伤和恐惧。如此计算下来，所要花费的成本自然是惨重的。而就情绪的调理而言，也是同样的道理，倘若你不能在觉知到一切的时候快速自救，那么等它站稳位置的时候，一系列糟糕的事情也就这样降临在自己身上了。

由此可见，与其去做一个经历情绪的人，不如成为一个观察情绪的人。当你以第三者的角度不带任何评判地去观察一切的时候，你会发现你与情绪之间很快出现了一条间隙，随着你的身心变得越发的平稳，那一系列消极的信念，便开始一点点地脱离自己的意识，你可以不再思考它，也不再受它左右，你只是继续安然地做自己的事情，做自己设计中的事情，尽管意识到了它的存在，也没必要给予它特殊的关注，慢慢地，你会发现这种相处方式很快帮助你从紧张的氛围中解脱出来，你开始下意识地觉察当下的自己，开始快速恢复自己对眼前一切的觉察力和主控权。你并没有做出什么必要的抗拒，也无须顺着那些消极的影子持续挣扎，这时的你只需要全然接受和沉静，然后将这一系列的内容淡出自己的意识，将更多的专注力集中在自己可以成就的事情上。

这就是一些与自己情绪相处的小方法，而对于人生设计这件事，让我们以一句名言作为结尾："并不是高效成功人士体验不到那些挫败的情绪，但与一般人不同的是，他们会在感知情绪以后坚定地继续前行。"如果你具有同样的魄力，想要实现自己的理想就指日可待了。

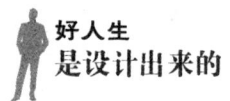

千万别在情绪糟糕的时候做决定

很多时候我们被情绪的阴云笼罩着,稍不及防,一个小火星就可能引发灾难,在这段无法自控的氛围空间里,往往是最容易出事的。很多人因为过于悲观而对大好的形势选择放弃,有人则因为愤怒偏离了原有的设计轨道,最终让理想与自己渐行渐远。还有人在焦虑的情绪中度过一生,总是将决定做不到点上,最后只能任凭岁月蹉跎,将期许葬送埋没。

因为从事了人生设计的工作,这样的事情实在经历了太多,我真的忍不住要为这些朋友惋惜,明明可以走上一条更好的路,却因为一时没有控制好自己的情绪,走上了一个本不该有的岔路口,有些人付出了很大代价,才掉过头来,有些人很可能一辈子都不再有机会,每当回味人生的时候,每每读到这里,心口总是会突然堵塞起来,当年的激动紧张余震犹在,只是现实苦短,只剩下一把辛酸的含恨。

我曾经就遇到这样一个学员,她在我这里报了一系列的课程,还专门找到我请求一起完善好自己的人生设计,那时候她积极主动的热忱感动了我,她是如此努力地完善着自己人生的细节,希望自己此生能够过上自己

第七章 情绪管理：建立负面情绪的有效防御机制

想要的生活。我们在一起交流了很长时间，设计了很长时间，几乎把未来近十年的职业规划都设计好了，此时的她长舒一口气说："哇，真的太幸福了，我现在有了一种走在未来的感觉。"

可是不到两个星期，我突然接到她的电话，她在电话那边哽咽地对我说："老师，咱们的计划可能泡汤了，都是因为我不好，我的情绪把一切搞砸了。"当我听到这个消息的时候也十分的惊讶，于是一边安抚她一边询问情况，结果她对我说："前段时间，工作情绪一直不好，被主管挑三拣四穿小鞋，于是当大老板开例会的时候，自己一时忍不住，便将自己的情况说了出来，结果大老板袒护主管决定不予追究，我这心里一下子就火了，于是就说：'您要是这样，那我只能辞职了。'听到这话，大老板表情依然很沉稳，他只说了一句话：'你真的想好了吗？想好了就去办手续吧。'听到这话您知道我什么感受吗？又惊讶又生气，于是一气之下我就办理了离职手续，准备找新的工作，结果发现自己看得上的公司，老板多半都是大老板的朋友，简历一递上去对方就询问到底是因为什么原因离职的，还从多方面渠道了解情况，于是就这样，我的问题被暴露出来，想要拥有更好的机会，已经是难上加难，我真的很后悔当时为什么没忍住，难不成我会因此断送整个职业前程吗？"听了这话，我也是非常着急，对她说："小姐，我之前告诉过你的，不要在有情绪的时候做决定，因为那拍脑袋就去做的事，往往都是不靠谱的。"

人在糟糕的情绪下会有很多很多负面的念头，此时我们的决断力是相当差的，我们可能会因此回忆起对方很多对不起自己的地方，然后在这样

163

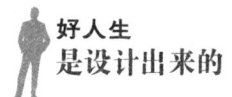
好人生
是设计出来的

反反复复的作用力下,爆发出惊人的行为。这就是为什么很多成功人士会在自己情绪爆棚的时候离开现场,他们会对对方说:"不好意思,我先去趟洗手间,十分钟后回来。"

十分钟对于很多人来说可能算不上多么沉重的负担,却可以起到一个很好的镇定作用,它能让对方爆发的势头得到缓解,也可以让自己借助十分钟的时间让情绪安定下来,仔细思考怎样的方式才是解决当下问题最好的策略。这个时候他们会很快地找回主控权,用理性的思维去驾驭自己的行动。他们会瞬间找回条理清晰的头脑,想好自己需要说的每一句话,不能说的话,这个时候的他们已经全然地恢复到了解决问题的最佳状态,他们终于可以冷静面对当下,而不再夹杂一丝的个人情绪。

这或许是一个需要训练的过程,但至少我们可以采取一些方法,让当下即将爆发的自己停滞下来,因为一切话还没有说,所以多少会有些余地,因为想做的事情还没有做,所以还有时间考虑到底值不值得。倘若此时自己情绪泛滥的话,所带来的后果是什么,倘若全局都因为这样可笑的一个事件被打乱,那整体的人生大设计会不会因此受到影响呢?

人生随时可能碰到机遇,也随时可能出现爆发,我们需要给这种爆发找到一个相对正当的出口,至少不要让它影响到自己的将来。我们需要全方位地整合自己所面对的问题,尽可能地在任何决定下保持理性,因为人生的路,我们必须对自己负责。

我们总是在自己状态最好的情况下,开展属于自己的人生设计,却时不时地因为自己的情绪险些将愿望灭杀在摇篮里,这个世界有太多看不清的东西，倘若这个时候带着情绪，就相当于你又在自己的眼前蒙了一层纱，想让自己的视觉清晰，最简单的方法，就是给自己一两分钟，将眼前的纱略去，或许在这个过程中，我们的思绪时而清晰时而混乱，但快速摆脱这种状况才是我们为自己选择的正确路径。

作为一个已经做好大设计的人，我们不可以因为一点点小事、一点点情绪就让自己整个的格局分崩离析，我们需要牢牢把握全局，即便是在情绪泛滥的时候，依然可以平静而坦然地驾驭好自己。不可否认，这是一门技术，也是在做出决定前需要首先自我审视的内容，我们需要判断眼前的决定出自我们的理性还是情绪，如果它并不是经过缜密思考所下的结论，那最好的办法就是让它停滞，让可能发生的一切悬崖勒马。

所以，秉持对自己负责的原则，从现在起努力地看管起自己的情绪，或许我们会有很多办法将它管理起来，至少在真实决定没有成立之前，绝对不能让它闹出什么乱子。

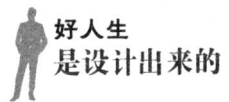

别让1%的情绪失控，毁了你99%的努力

一时的情绪失控会把我们引到一个自己都不知道的地方，那里漆黑一片，根本不知道路在何方，越是看不清路，这股能量就越是泛滥，直到我们对自己都开始咆哮的时候，就会发现它就好像一个专门爱糊弄人的小鬼一样，在距离你不远不近的地方窃喜。

其实很多时候我们不知道为什么会如此地把控不住情绪，但是只要这股心气上来，怎么压都压不下去，那是一种极其难受的感觉，堵在自己的心窝和腹部，要么忧伤冰冷，要么愤怒滚烫，这种失调的状态，很容易让自己做出一些非理性的事情，即便在别人看来，当下的得失不过是全局中的小插曲，但在自己看来，好像一切都是不可原谅的，伴随着这样的思绪将全局搞砸的人大有人在，因为1%的情绪失控，最终使他们丧失了眼前的整个天空。

曾经有位学员是专门做科研的，他的理想是成为一名拿诺贝尔奖的生物学家，为此我们做了很细致的交谈，探索人生大设计的可能性，以及他对自己的认知和坚定。不可否认他是一个非常具有专业精神的人，对待自己的科研项目,即便将生命完全倾注其中也在所不惜,他对于未来的理想有自己的期盼和执着,因为秉持着生物学家的天资,他时常觉得距离自己的梦想并不遥远。

就这样我们将整个一生都做了优化设计,针对不同时期所要攻克的内容,也进行了细致的规划。可没想到因为情绪失控的原因,后来还是险些出乱子。

这天我正在办公室里接待学员,他的电话突然间打了进来,尽管他的陈述依旧是平和的,但我隐隐地听出了他情绪的咆哮。"我觉得我忍无可忍了,我想放弃我的科研项目。"他对我说。"为什么要这么做?这不是你的理想吗?"我着急地问道,"你要稳定好你自己的情绪。"

"那该死的主任,总是剽窃我的成果,上次论文他没跟我打招呼就换成了他自己的名字,这次项目还没落地,他又恬不知耻地来询问情况,总想要吃现成的,我付出那么多的努力有什么用,还不如干脆放手算了。"他一边说,一边莫名地抽泣起来,"我努力准备了那么长时间,生了孩子还没抱一下就成别人的了,我怎么能好过,我真的快要失控了。""你先不要急。"我一边安抚一边帮他建立信心,"学识在你的手里,谁也拿不走,出现了问题,咱们可以通过更好的设计安排予以解决,条条大路通罗马,只要自己不放弃,总会有解决的办法。但是倘若这个时候,你因为情绪失控放弃了自己为之奋斗了这么久的理想,总有一天你会后悔的。"

听了我的话,他的状态稍稍沉静了下来,他对我说:"出现了问题,首先最想见的就是您,老实说,辞职这个决定真的在我心里寻思好久了,

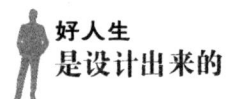
好人生
是设计出来的

但是我还是想听听你的建议。""你这样做就对了。"我对他说,"如果你真的快要把握不住自己的情绪了,不如明天我们见个面一起商量一下对策。"

第二天他准时出现在我的办公室,我们交谈了很久,将他的优势和现在存在的劣势全部摊在了明面儿上,现实就是如此,关键要看下一步怎么解决。于是我建议他去别的研究所试一试,尽管从品牌上来说,他们现在未必有当下的优越,但倘若过去以后有更好的晋升机会,可以放开手脚继续研究,那么后续的发展机遇还是有潜力可开发的。与其在这里反复受气,不如尝试着换一个环境,自己面对的课题没有变,对理想的忠贞没有变,只是所面对的人和场景变了,这对于自己来说也是一个不错的尝试。现在自己要做的,是看看自己心仪的研究所有哪些,哪里在双向选择后能够在入职上达成共识,而这边的自己,也没有必要放弃自己的研究进程,等到自己借力的东风来了,随时可以调换到别处开展工作。而当下自己所要坚持的一切,都是服务于自己的。

听了我的建议,他的心情顿时疏解了很多,凌乱的思绪,终于也跟着捋清楚了,他对我说:"您知道吗?在没见您之前,我都想要放弃自己的职业生涯了,我觉得一切都没有意义,现在跟您聊完,发现自己的理想是可以继续坚持的,我因此又看到了希望,我们的人生设计工程又可以平稳地向前推进了。"

在我们的内心世界,边边角角多少有些灰暗地带,只要情绪的红灯一打开,这些沟沟坎坎里的负能量都会集聚到我们的大脑和心口,它们会制造各种负面的思想和感受,以至于我们整个人都觉得难以忍受了。但是倘若这个时候你能够下意识地顶住，顶住那些灰暗的挑衅，看清内心呈现的实质，我们就能够从全局出发，去尝试着改变自己的状态。即便是在情绪高度泛滥的时候，也可以通过一些行为语言和思维的扭转让一切静止下来，我们并不需要快速地爆发，而是可以通过调换场景，调整思维模式的方式，让自己快速镇静下来，既然出了问题，就直接想办法解决问题，而且要试着找到最佳的解决模式，如果这种模式条理不够清晰，就多给一些时间让它清晰，如果对于情绪的把握还不够冷却，那就拿出更多的定力去让它冷却，直到自己的意识完全被理智占据，直到自己不再随着情绪左右思想，你或许就能从中找到一条路径，恢复自身的意识和觉醒，完整把握当下的自己。

这个世界上很多人，都因为1%的情绪，而错失了自己99%的努力，他们要么放弃，要么被别人放弃，直到回过神来的时候，当初美好的一切都已化为泡影，如果你不想这样的话，就需要从现在开始，从每一个情绪泛滥的断点开始，一点点地收纳它，整理它，直到真正归于平静，直到想出了最佳决策，直到把主动权更为平稳地归于自己。

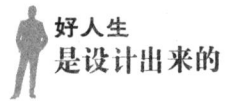

好人生
是设计出来的

千万别让别人牵着情绪走

就情绪而言,它或许是我们生命中很微不足道的尘沙,一股风悄悄地来,不一会儿的工夫便自然散去。风小的时候,可能成为眼中揉搓下来的一滴泪,而风大的时候,便渐渐渗透进了恐惧、挫败、焦虑和不安。很多时候我们会扪心自问,本来一切好好的状态,究竟是什么风把自己吹得七零八落?追究到根本,无外乎一件事,那就是:该在乎的事情,没有倾力地投注情绪,而不该在乎的事情,却始终被人牵着鼻子走,就是因为心底的那份期许和在乎,才让自己在拼尽全力以后,瞬间沦落,这时候才发现,原来当年的那些表现和挣扎,从现实角度看来,都实在是荒谬至极。

人天生喜欢别人的赞美、关注、青睐,这些都会在无形中带给他无穷无尽的灵感和力量,因为是所有人都相信他能够成功,所以他自己也对这件事坚信不疑。但是倘若有一天,眼前的世界顿时昏暗了,我们找不到聚光灯的影子,也找不到那给予自己持续关注的人。我们开始在紧张情绪的蔓延下对自己产生怀疑,觉得一定是自己存在过错,觉得问题一定是出自于自己。于是内心的焦虑产生了,不知所措的情绪产生了,乱了方寸的自己开始不断地进行检讨,会不会自己这段时间太过于冒失了?会不会大家对自己有了意见?会不会是我能力水平出现了下滑,还是……因为别的什么原因让大家失望了呢?

就这样伴随着各种负能量的情绪,你快速地因此丧失了能量,你开始对眼前的一切事物战战兢兢,即便是面对那些完全尽在掌握中的事情,也快速失去了成就的勇气。你不知道自己错在哪里,却又找不到症结,而事实上,真正的症结并不在自己身上,而埋藏在别人的意图里。

曾经有一个学生就跟我分享过他上学时候的一段经历:

我曾经有一个非常要好的朋友,但没想到这家伙那么有心机。他每次都会在快要考试的时候跟我闹别扭,然后到考试结束以后又主动跟我承认错误,说他那段时间情绪焦虑,不是有意要伤害我。

后来我发现,原因根本就不是这么简单,那时候我们俩的成绩都是全年级数一数二的,冲着这个状元的位置,不要点小手段可能他根本考不过我,于是总是下意识地在考试之前跟我闹别扭,搞得我情绪凌乱,无法跟他真正地抗衡。等到考试结束以后,不管愿望实现没实现他都会主动提出和好,因为跟我这样有竞争力的对手成为朋友,可以很快恢复他的元气,让他在下一次考试的时候,依然能够发挥出精湛的水平。

老实说体察到这一切的时候,我顿时觉得人生太黑暗了,但同时我也真心感谢他在我正青春的时代,扎扎实实地给我上了一课。从此我意识到,在这个世界上,即便出现问题,原因也未必真的就在自己,抛开别人的偏见和意图,倘若自己还能够步调坚定地继续前行,那就是战斗场上

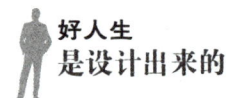

**好人生
是设计出来的**

最了不起的成功，因为你没有被别人占据情绪，更没有在他们的筹划下生活，你没有因此而变动，而是努力地坚持着你自己，坚持着脚下的路，并一步步地走向希望，这是我们兑现理想最好的方式，让它如阳光下的金子一般闪闪发亮。

这世界上有一种谋杀是根本不需要武器的，对方只需要让你整个人浸泡在负面情绪中，方寸大乱，然后再一步步地将恐惧深化，把你拉进事先安排好的情境中，只要这个时候的你觉得眼前的一切都是真实的，对方就会进一步地使出绝招催化你的情绪，当确认你的一切都已经在他的掌握之中，后续一系列预先准备好的糟糕事，就会一个个地呈现银幕，明明是很小的一个风浪，却足够可以让一颗失控的灵魂大动干戈，明明是一件很简单的事情，却可以上升成为绝对复杂的暴力事件。这个世界上有太多的人，因为受到别人的情绪牵引而走上了迷途，明明眼前的一切形势大好，但就是因为一时之间让人利用了情绪，而顿时跌落到谷底。因为主动权始终不在自己手里，所以一系列的决定，一系列后续发生的事，就都不在自己的掌握之中了。

很多人说想要落实人生设计很难，但我想说的是，想要让自己不受外界刺激和影响更难，倘若我们的情绪不归我们把握，倘若别人稍微一个不对劲的眼神都可能让你的心绪翻江倒海，倘若那些所在意的，都不过是他人用来对你吆五喝六的筹码，那不如给自己几分钟时间冷静地思考一下，这样的承受和付出真的值得吗？

如果有一天，当我们可以无惧无畏地面对别人的挑剔，将他人的评价当成生命中无足轻重的调剂品，我们不再因为别人的一个表情而怀疑自我，不再对外界的一切心存忐忑，倘若我们不再去在意别人的想法而把更多的专注力投向自己，这样的人生旅程会不会更开怀更自由呢？

倘若有一天这些外来的言辞不再轻易地干扰我们的耳朵，倘若我们也不再因为那些不必要的负面信息而搞得浑身不自在，倘若由外向内的挖掘能够让我们发现更多惊喜，那么，就让我们全然地放松下来，投入一场属于自己的游戏。

我们可以一边屏蔽别人眼中的自己，一边全然地对人生进行优化设计，我们开始越发地在意自己的想法，而不再因别人的种种看法对眼前的一切产生半点迟疑。我们开始继续沿着人生设计的轨迹前行，不再担心外力的作用，因为对于最优秀的格斗士来说，他的对手只有自己。

所以，还要被别人牵着情绪走吗？如若你想要让生命的设计成功落地，现在就给自己一个掷地有声的回答！

第八章
人际管理：人际网的品质决定了你的一生

你的朋友圈里有什么样的人，直接决定了你在经历什么样的生活，或许此时你对你自己的人生并不满意，那么首先要改变的，就是你手机里朋友圈的状态，找到那些有利于自己的去经营，珍惜每一份宝贵友谊的存在；而对于那些损友，果断放弃或许是最好的选择。并不是因为我们势利了，而是因为，我们对生命的看法有所不同了。

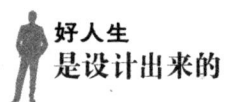

人际关系的几种模式和层次

很多人说人生大设计之所以难得精准，是因为参与其中的不止自己一个人，大千世界你真不知道会在什么时间遇到谁？发生怎样的故事，受到怎样的影响。从这一点来说，毫无疑问，我们的世界与他人的世界始终是息息相关的。

很多学员始终对人际关系这件事抱有幻想，在做人生大设计的时候，一个劲儿地跟在我后面许愿："啊，我如果在这个点上能够遇到贵人，那么人生就步入成功快车道了。""真希望在这个阶段的时候，不会出现任何搅局的家伙，让一切平稳过去，我的人生就开挂了。""如果在这个阶段，我认识的某某人能搭把手，那我岂不是赢定了。"

每当听到这些话的时候，我都摇摇头，对他们说："想要让人际关系带来好运，至少先要把它好好管理起来，将脏乱差的环境清理干净，然后有序地将它们排列起来，这样至少自己想用的时候不至于乱了手脚，此外更重要的是学会经营，不要等到问题出现的时候，才想到要维护感情，这是维系人脉最起码的格局，也是人生设计工程的一项挑战，它需要我们对系统不断地进行优化，唯有把好的留下来，坏的剔出去，才能打造更完美的社交环境，让自己的思路更加的清明起来。"

人生就好比是一艘行在大海里的船，哪里是浅海，哪里是深海，哪里有礁石，哪里会搁浅，分明的层次可以让我们避开很多不必要的麻烦。同时，在航海的过程中，我们需要随时随地地转变自己的模式，掌舵的模式，生活的模式，放风的模式，紧急的模式。不同的模式，你需要用不同的方式，调取不同的资源去解决问题。倘若这个时候，模式和层次都凌乱了，该做这件事的时候，调动的是另外一部分资源，时间长了，整个船体就会濒临失衡，那对于整体的航海任务而言，是相当危险的。

所以，从人脉角度来说，我们心里也要有本精明账，并不是所有人与我们热情寒暄一番，我们就可以将他视为知己，我们需要循序渐进地编排好自己的层次，将社交的格局牢牢把握在自己手里。那么究竟在层次和模式上我们应该怎样完善自己的人脉关系呢？现在就让我们秉持大设计原则给大家逐一进行讲解。

第一，必须社交联系。

说到必须社交联系，我们的模式很快就会转移到自己的爱人、家人、发小和一些非常亲密的人脉关系上。这些人是我们生命中最宝贵，也是最值得在意的人，你必须确保他们打电话的时候自己都有时间，而自己打给他们的时候，他们也对你有足够的关切。这个人脉层次可以说是自己生命中最不可忽略的内容，我们必须有效地维护好他们的利益，犹如维护自己

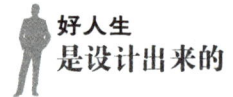
好人生
是设计出来的

一样。

第二，常备社交联系。

所谓常备社交联系，很可能是你身边富有各种专长的人脉朋友关系，尽管出于工作原因，大家未必总能见面，但每当遇到相关领域的内容和麻烦，便会第一时间想到他们。他们不但可以给予你最专业中肯的建议，还可以恰到好处地帮你解决实际的问题，因为属于自己的专业领域，所以做起事情来总要比你更加有效率，于是大家便在各自的领域中建立起了互助联盟效应，越是在最需要的时候，这些人越是会成为你手中的坚实后盾，随时随地给予你最专业最贴心的帮助。所以不论从什么角度来说，这样的人脉关系都是生活中必不可少的。

第三，工作社交关系。

这里面大多是自己的客户、商业伙伴、老板、同事以及其他能给予自己事业帮助的人。他们随时可能拨通你的电话，针对现实的工作内容与你互动沟通，这个时候，就需要你能够拿出最富缜密的思维和最完美的沟通技巧，与他们进行交流互动，他们可能会是你的朋友，你事业的坚强后盾，当然，他们也可能是为你制造更多麻烦的对象，可工作就是彼此之间要增进谅解。唯有更好地完善彼此间的关系，更富远见的理想才有可能归属于自己。

第四，情感社交联系。

这些朋友虽然未必能够解决你的切身问题，却能够每时每刻为你传递温暖，他们的嘴很严，跟你没有实际的利害关系，他们愿意在你想要说话的时候贡献上自己的耳朵,而你也可以将自己的心声毫无保留地倾诉给他们。你可以跟他们一起喝杯下午茶,与他们一起购物狂欢,一起去看一场缓解焦虑的演出,但就是不能在此基础上构建更多的价值输出。他们可以在你想要疏解疲劳的时候出现,却因为各种各样的原因不能更进一步参与到你的生活,其实原因也很简单,不论是出于能力还是出于别的什么原因,倘若模式稍有转变就会立刻出现故障,试验了几次以后你便可以精准地把他们定位在这样一个双方都舒适的层面上,既可以掏心掏肺,又可以随时保持距离。

第五,可忽略社交联系。

或许这部分人会出于各种目的频繁地给你打电话,而他们所要提供的内容和信息,都是一些生命中可有可无的东西。有些时候碰巧能够用上,但也可能它会久久沉睡在你的朋友名单里,总而言之对你来说,他们的存在并不是那么的重要,也并不会影响你的生活,你可以对他们以礼相待,但同时也无须花费太多的心神,对于他们来说,你只需要他们在,知道他们是干什么的,就已经相当够意思了。你可以随时忽略他们,正如他们也经常记不起你一样。

第六,僵尸粉黑名单。

这些人可能是我们生命中最不想见的人,也可能是给我们带来过不利影响的人,或者你根本不知道他是谁,却莫名地出现在自己的朋友名单里,他一直都在沉睡,过着跟你一点关系都没有的生活,这时候就需要我们拿出敏锐的选择能力,将那些不必要的家伙清除出自己的世界。因为唯

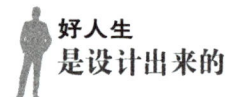

有让朋友名单更加清爽干净，我们转换起模式来才能思路清明。

做好了人际关系的层次管理，想必心里也有了一笔清除账，谁会在你的生命中起到决定作用，谁可能在你最需要帮助的时候伸出援手，在自己渴望生活调剂的时候，应该找谁融入圈子，而在自己最需要理清思路的时候，又有哪些家伙需要淡出你的世界。有了这样一整套社交管理策略，我们面对人生大设计的格调就更加从容了，我们从不会对不可能发生的事抱有幻想，但对于那些能把握的事，那些能够作用于我们未来的人，明智之举，就是将他们快速地握在手中。

用好你的"关系网"

有一个权威的科研所做过这样一个试验,如若一个人可以广泛地利用好自己的关系网,只需要通过六个人就可以直接碰面美国总统。关系网如同一张无形的绿色通行证,你总是可以借助它见到更多可以为自己提供助力的朋友。也许,你正行走在通往它的大道上,也许,你正在借助别的朋友将它苦苦寻觅,或许就在此刻,你们正在一家十分有格调的咖啡馆里交谈甚欢,你的灵感在这样的提升中不断地迸发,彼此交错的意识轨迹中,各种各样的机遇随时靠近,它总会给你带来一种理想近在咫尺的感觉,随着目标一步步地临近,成果却往往出乎我们的意料之外,它让我们的大脑发出一个又一个的惊叹号:"天啊!这简直太不可思议了。"

曾经有些学员问我:"老师,您规划的路线真的很精彩,但是我怎样才能找到那个助力我精彩的人呢?"我说:"发挥你的关系网啊,网也要把他们网过来,你自己都没有真正努力过,怎么就知道他们不会出现呢?""想来也是有道理的哦!"但我心里还是没谱:"这个世界上所有的事情都是从没谱到有谱的,只要自己方向确立,目标确立,那就立刻行

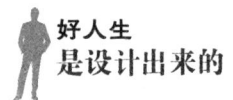

动,冲出去找吧,别人经历六个人就找到了奥巴马,你经历一百个人还不够吗?"

对于关系网这件事,很多人曾一度对这件事抱有强烈的羞耻心,它会很自然地让我们想到一些唯利是图的人。但倘若这部分资源可以帮助我们将人生建设得更美好,只需要将它用到最该用的地方,又有什么不可以呢?关系网未必意味着自私和虚伪,它很可能成为我们人与人之间最坚实的桥梁,在不断产生连接的同时,对接我们新的理想和希望。

曾经就有这样一个学员,虽然很有才华,却总觉得自己人脉关系不够,刚刚毕业的他很想拿下一家上市五百强企业的 Offer,但就自己的能力和水平来说,他还是没有稳操胜券的把握,于是他问我该如何处理这件事。我当时的第一反应就是:"理清思路,看看从哪个突破口开始,给我网人去。""真的可以落地吗?"学员一脸惊讶地问道。"当然,现在就好好盘算一下自己所有认识的人,究竟哪个可以帮助你更接近梦想。"于是按照我的规划,他先找到了自己的大学老师,在与他进行认真交谈后,对方把他推荐给了自己的一个学生,正是他青睐的500强公司的执行总监,在这位总监的提携下,这位学员对公司人员的需求和必须掌握的专业能力进行了更为系统的了解,也表达了自己对职位的看法。后来这位总监直接促成了他与企业副总裁的私人会面,这次沟通大家聊得很愉快,对方也觉得他确实是个人才,于是留下了他的简历,没几天他便接到了这家公司的面谈机会。之后的一系列环节,都变得非常顺利,他完美地完成了面试、笔试,并以优异的成绩达成了心愿,成为这家公司有史以来最年轻的员工。

当他带着骄人的成绩来找我的时候，我向他握手说："恭喜你，没想到你只大战了三个回合，就成功了，比那位见到奥巴马的仁兄还要厉害。"而他则腼腆地笑笑说："老实说，我现在都觉得一切跟做梦一样。"

看到了吗？人与人之间的关系有时就是那么玄妙，你不知道自己所要见的下一个人究竟认识谁，而这个认识的谁谁，会不会就是你生命中一直在等待的贵人。想要解决问题，就需要让这张关系网尽可能地得到扩展，我们需要找到一个合适的端点，然后一步步地搜寻下去，他未必一定是自己特别熟识的人，或许仅仅只是你在网站上碰到的点头之交，但是倘若这个时候，他可以为你提供帮助，那将意味着你很可能会因此赢得进一步的转机。

或许这时某些人会说："难道这不会是一系列的无效社交吗？别人未必会给予我想要的东西，但是我的时间却这样被荒废了。"可是我想说的是，对于一个目标明确的人，他一定是具有非常犀利的辨别能力的，在整个联网的过程中，他知道什么是自己需要的，什么是自己不需要的，他知道自己应该采取什么样的方式最大限度地获取自己想要的东西，从这一点来说，只要有方向就没必要过分担心。再者说，为了一个渴望的结果而下意识地努力，本身就是一个了不起的开始，不论成败，能拿出这份勇气已经够得上点赞了。

所以，现在就行动起来吧，为自己的人生寻找更多的可能，为心中的理想打造更多的机遇，为了让后续的战绩进入佳境，请善用好你的人际网

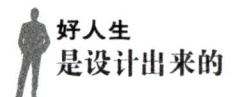

吧！人生的局在网络的链接中不断升级，而美好的开始，就在于你的一个中肯的行动，促成成功的前提，就是先让自己冲出去，因为只有这样，你才能源源不断地网到机会，将贵人缘的触角伸向四面八方。

记得保持好你的"职业距离"

就职业距离这件事，我实在太有发言权了，很多学生都曾向我发问说："老师您怎么看待职业问题呢？"这时我就告诉他们："想让我们在人与人之间活得舒服，首先就要搞定自己的'职业距离'问题！"

职业是我们赚钱的营生，也是我们的自信所在，很多人平时话不多，但只要说到他的职业生涯，那就瞬间打开了话匣子，好像一切就是自己的生命，非得要在人前显出那么点专业水准。当然每个人在职业上都存在精英情结，但倘若能够谦卑点，恭顺点，面对别人专业技能的时候，能包容点，与他人相处起来的感觉就会更加融洽。必定人与人之间，总是存在天生的比较信念，所有人不希望在生命中看到强者，即便自己已经跻身于强者范围之内，如果这个时候有谁对自己的事情指手画脚，那逆反情绪就会瞬间顶上心头。他们会说："每个人在解决问题的时候方法都不一样，凭什么你的就是最专业的？"他们会说："即便你能力再好，请不要干涉我的事。"一旦这样的情绪放出来，即便之后你再谦和再友好，恐怕也很难再争取到对方的心。

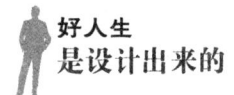
好人生
是设计出来的

从社交角度来说,一旦有人在人群中鼓吹自己的职业水准,多多少少对别人的心理是会产生不良影响的,能力弱的会紧张,能力强的会焦虑,他们都不想在这么轻松的场合来切磋技艺,所以一定会最先一步离开,或是躲躲闪闪,为了少找麻烦而对你敬而远之。

曾经有一个学员就在这方面吃了亏,他说有一次自己报团出游,中间遇到了一个同领域的业内精英,见到他,他心里非常的欢喜,于是一有空就凑过去向对方请教问题,谈谈自己对于工作的想法。起初对方还彬彬有礼地给予回馈,可越到后来,两个人的互动越是紧绷。他感受到了对方的焦虑和不耐烦,言辞上也是越来越敷衍。

到了开展活动的时候,他发现对方总是在下意识地回避自己,但凡自己参加的小组,对方都尽量绕行,这到底是什么原因呢?他怎么想都想不明白,却又不敢上前深问,于是惨兮兮地回来,把这个回传球踢给了我。

我听了他的事情以后,摇摇头说:"我真的为你惋惜啊,倘若你能提前告诉我,恐怕情况会是一个大逆转。""为什么会出现这样的情况呢?"学员问道,表情中还带着一丝迫切。"为什么?因为你们是同行,同行与同行之间,并不是什么时候都能切磋的,你没有保守好自己的职业距离,给对方带来了不必要的焦虑和担心,更何况你们见面的场景是如此放松的状态,倘若这个时候,他无意识地暴露了更多的东西,或许你会受益,但他会因此遭受损失,为一个自己不认识的陌生人而失去太多,肯定是不划算的。"我说道,"明明是在度假,你去跟人家谈工作,这本身也是一种不礼貌的行为。""可是你不觉得这个机会很难得吗?"学员问道,"倘若他能够给我更多了解的机会，或许以后彼此之间能帮上很多忙。""越是同行的领域，越是可能产生不安全感，更何况他对你并不了解，过分暴露自我，只会将危险的隐患留给自己，从这个角度来说，我觉得人家并没有什么错。"我说道，"错在你自己，心急没吃上热豆腐。"

"那我该怎么办？"学员问道，"难不成这么好的机会一句话不说吗？""那倒不用。"我说道，"你可以简单过去交个朋友，告诉对方彼此是同行中人就够了。在熟识的过程中，最好的交流方式就是放下工作，谈一些尽可能放松的话题，如若对方对专业领域引发提问，不妨也可以少量参与，但前提是，千万不要让对方感觉到自己的热乎气儿，象征性地提上一两点也就够了，这样不但让对方了解了你的水平，还不至于产生不对劲的危机感。扫清了这个心理障碍，可能你们会有更多的交流机会。这样一来，就可以彼此留个联系方式，拥有更进一步的互动主控权。"听到这儿，学员的脑袋顿时耷拉下来，他皱起眉，小声嘟囔着："原来社交里的学问竟有这么深啊！早知道多跟您学两招了。"

很多人都想成为自己领域中的精英，有这样的雄心壮志是可以理解的，正如励志学家说的那样："想成为什么样的人，就要和什么人站在一起。"可就是不知道为什么，当自己与精英不期而遇的时候，自己却始终拿不到社交的主控权，对方很可能会跟你礼貌寒暄，然后悄无声息地消失在你的世界，他们既不会留下自己的联系方式，也没有想要更深入地与你交流，这个时候你或许会深陷困惑，扪心自问道："难道他觉得我还不够优秀吗？"

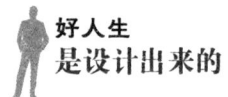

其实,出现这样的问题,多半是因为没有摆正自己的"职业距离",想要跟同行聊得来,首先要看清场合,其次就是要找准话题,再次让对方获得安全感,而到了最后,就是不要过分地暴露自己。有了这几条做基础,对方反而会觉得你和自己一样,都是领域中的尖端人才,因为越是尖端,越是不会上来就拿工作做话题,他们会深知行业的规则,也不期待通过这样的方式把自己变得更好。因为在这一点上存在共鸣,你反而会赢得他们的接纳,因为在他们看来,那些过分炫耀专业表现的事儿,只有那些新入行不久的人才干得出来。

立刻停止无效社交

前段时间听一个学员抱怨:"我看人家的人脉朋友圈都挺厉害的,自己怎么交的都是损友啊!"我问他到底发生了什么,他对我说:"老师您知道吗?总有那么一些人,会在自己心情不好的时候把你想起,然后跟你在电话那头哭哭啼啼,把所有的负面情绪都传送给你,明明你这边本来形势大好,也只能举着电话,跟她共情两三个小时都不会挂的阴雨天气。结果她电话挂了以后睡得比猪还香,你却躺在床上开始辗转反侧,困意全无,结果第二天早晨起来,黑眼圈也来了,瞌睡也来了,对待工作也没斗志了。可人家心情好了呀,心情好了以后,就开始对你的一切不闻不问,假如碰巧这时候你也有点小忙要她帮,人家马上冷冷地把话撅过来:'这么点小事也要我帮啊,你自己没有手吗?小姐姐我现在没空。'您知道当时我这个气啊,怎么会交上这么一个朋友,结果备不住人家脸大,等到自己再次痛苦还是会继续打电话骚扰你,面对这样的局面,我真的不知道该说什么好了,于是今天就干脆把她拉黑,再也不想看见她这张脸了。"我听了以后说:"这样很好呀!这本身就是一个无效的社交,与其为她牵扯

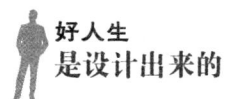

好人生
是设计出来的

精力，不如全力以赴地去开拓新的人脉市场，或许你会遇到更多有价值的朋友。"

现在大家越来越讲求社交质量，有些人你看他每天出来进去有的是朋友，但真到自己出了事儿，愿意与他一起承担的人真的少之又少。很多人之所以成为朋友，原因很简单，在他们对待朋友的理念中："要么我能够利用你，要么能利用你蹭热点。"于是秉持着心与心欲望的交织，他们成了朋友，如若彼此的欲望兑现能够得以延续，那么人脉关系就能延续，但如果有一天对方发现你起不到作用了，就会很直接地把你清除出朋友圈，因为他们渴望的永远是能够给他们带来更多利益的人。

或许这个时候有人要说："哇，那这个世界实在是太残酷了。"每次听到这样的话，我都会勉强笑笑说："这有什么残酷的？把这些无效的社交关系留在身边，那才叫残酷！"

就交朋友这件事，未必个个都是知己，但对于双方而言，应该都是必需的人。曾经有一句台词这么说："我之所以从你的世界出走，并不是因为你不重要了，而是我认为我不重要了。"当我们意识到自己不是对方世界中什么重要的角色，也没必要去争取什么，带着平静的视角去观察这个世界真实的样子，那也是一道不可多得的风景。

很多人混迹于各种各样的社交圈，本来想碰碰运气抓住几个能够改变自己命运的人，却发现越是有这样资历的人，越是会下意识地回避自己。原因很简单，你暴露了，你让他们太清晰地看到了你的意图，这个世界没有人想要让一个陌生人这么直白地利用。既然知道你想要什么，结交自己是为什么，站在上风上水的人家凭什么一定要搭手帮你？如若你看清了人家的资本，多少也要允许别人看看你的价值吧，如若这时你所能起到的作用差强人意，那人家自然就会对自己的行动做出选择。心情好，多跟你说几句话，心情不好，转过身也毫无损失，作为这样一个卑微角色，即便你掌握了一身巴结人的好手段，想要用到点上也是不容易的。毕竟在社交环境中，人们拼的不仅仅是活力，还有阅历和资本，如若此时的你不符合他们的要求，他们会很快把你当浮云一样掠过，不去在意你的想法，更不会在意你的需求。

所以作为自己的人生设计师，我们首先要看清现实，从容地对自己的人脉进行规划、选择、运营和提升。尽管有些时候，我们手头的资源是非常有限的，但是倘若这个时候我们能准确地将他们进行划分，就会发现，原来小小的朋友圈里还有这么多的机遇存在。这是一个扩充资本的过程，也是一个充实阅历的过程，我们不再盲目地结交朋友，而是有针对性地将那些可以互动建设的人集合在自己身边，也许起初那只是很小很小的一个圈子，但当它不断扩大的时候，你将看到更为广阔的世界，一片尚未被人开垦过的机遇，你会接收到很多与之前截然不同的信息，并将这些信息转化成自己更强的能力。能力是我们行走在人生路上毫无疑问的资本，如果这个时候，你的资本恰巧被别人看中，那就意味着，你终于有资格与他们坐下来交谈了。

由此看来，运营社交其实就是在运营资本，我们必须将更多精力倾注在那些能够给我们带来更多价值的股份上，因为能够在互动中同流，之后

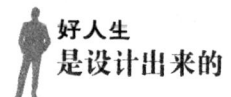

才能谈及其他。在这个思想与行为的互动中，每个人都会学到很多东西，越是能够与高手对决，在社交的平台上越是能够增进慧力，这并不是说我们不需要情感了，而是我们在情感投入的同时，让眼前的世界更真实了。我们开始渐渐意识到为什么当年的自己在人际关系上会存在那么多的漏洞，其最核心的原因，就在于我们在无意义的事情上耽搁了太久。我们没有更为精准地对自己的目标付诸努力，同时也没有从理念上确定什么样的人更适合成为自己的朋友，于是人在高高低低中上下徘徊，看似每天都在找机会，其实做的都是一些无用功。

所以，这里我想说的是，如果你真的想要完善好自己的人生大设计，首先要想想就外境的影响而言，你更希望谁来更多地参与到你的工作和生活？如若你对这些人脉关系心驰神往，你自己又应该成为怎样的人？谁会催化你的成长？怎样能够快速寻找到生命的助力？不管它是一个人，还是一本书，只要你用心地品读，总会从中品出道理。这一切都是有价值的，也是必须坚持下去的，相比于那些无效社交而言，或许这些事才是自己更值得去做，更值得坚守的意义和行动吧！

交朋友看机缘,但更要懂经营

曾经让我最感动的社交经营模式,就是奥黛丽·赫本和纪梵希。朋友这么多年,尽管彼此都很忙碌,却都知道什么才是最佳的友谊经营方式,为了不影响纪梵希工作,奥黛丽·赫本的电话慰问方式极为特殊,那是专属于他们两个人之间的秘密,"只需三下,让你知道我在想你。"不需要太多的语言,一切情义都在不言中,纪梵希因此深受感动,以至于这位挚友去世这么多年,他的心里依然有她的位置,他的房间里永远摆放着她的照片,她的照片旁边从来都不缺艳丽的鲜花,这就是两个人灵魂交流的最佳方式,只需要让该懂的人懂你就好。

朋友相遇要有机缘,但是这并不意味着,交了朋友以后,就不需要经营了。很多人都有这样的毛病,刚开始交朋友的时候,大家打得一团火热,结果时间久了一点,彼此看出的问题也多了一点,反倒是彼此挑剔起来,以前觉得对方什么都好,现在却一律推翻,感觉彼此身上除了毛病什么都没有。于是便开始下意识地疏远,从很热乎的感觉瞬间冷却到谷底,于是朋友不再是朋友,关系就这样出现了裂痕,两个人之间说起话来越发

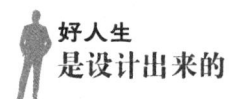

地阴阳怪气,就这样昔日要好的往来,成为彼此茶余饭后用来互相指责的证据和资本。如此循序渐进下去,要么绝交,要么成为损友,因为彼此都不看好,这样的友谊状态又怎能谈得上未来呢?

想要用社交精英的水准处理问题,我们首先要完成的初步阶段就是倾听,这个过程中会让我们更深入地了解对方的性格、脾气以及为人处世的方式方法。我们能够在这样的互动关系中更进一步地了解对方的底细,同时也有更多的时间和空间做判断,看看这个人是不是真的适合做自己的朋友。如果适合,他应该属于哪个类别的朋友,自己应该将他放在哪个区块进行培养;如果不适合,那就找时机全身而退,在对方毫无察觉的情况下,静静离开,这样既保留了彼此的面子,也不至于耽误更多的精力和时间。

其次就是要探究对方的需求,看看自己是不是能够胜任成为他的朋友。我们可以在沟通中,认真权衡对方目前最渴望解决的问题是什么,而自己是否能够帮上忙,如果能帮忙的话,这个忙该怎么帮,怎样能够引着对方与自己深入交往,怎样能够引发对方知恩图报的信念,怎样获得对方的信任,成为他心目中认同可交的那个人。

最后,时刻准备为对方点赞。不可否认,所有的人都渴望拥有展示自己的舞台,越是在这个时候,越是要把聚光灯留给别人,一来你可以更清晰地看到他的专业实力,二来你能够快速赢得对方的好感和感激,而此时的你只需要做一个在台下鼓掌的人,及时为他的表现点赞,在这种不断接受夸奖的过程中,对方会很自然地从你的世界赢得更多正向的能量,而就人的本性来说，他们永远是同情弱者追求强者的。

做好了这三点，前期的社交目标就已经基本达成，而后续的维护也是非常有必要的。这个时候我要提示大家的是，不管你对这个人感觉多好，都不要在情感上过分纠缠。你需要维系好彼此之间的距离，不要什么事情都打电话打扰他，尽管在交朋友的火热阶段，多半彼此都不会拒绝打扰，但是保持好刚刚好的距离和火候，会让对方觉得你是一个在社交层次中有一定修为的人，你在用自己的方式传递对对方的尊重，而不是随意的时间占用，搞得彼此在工作生活中陷入混乱。

这个时候我们可以时不时地发一条短信彼此问候，如果对方打电话来，或要求见面，不妨也将自己的思念之情友善地表达出来："嘿，朋友，我等你很久了，就是怕你忙，不好意思打扰你。"虽然简短的几句话，却足够让对方感激。想要成为社交经营的高手，首先要及时地兑现对方的愿望和需求，我们可以成为他们雪中送炭的不二选择，也可以时刻保持沉默，成为那个默默关注他鼓励他的人。我们可以做到让他们随时都能找到自己，不论出现什么样的麻烦和困难，都愿意与他们一起面对，也可以在他们赢得喜悦的时候，悄悄转身，让他们心中的快乐占满整个美丽的一天。

所以，这里要说的是，不要总说自己留不住朋友，如果这样的状态反复发生，就一定要静下心来好好总结一番，我们需要对自己的社交经营模式进行体检，看看到底在哪个环节中出现了问题，我们要看清其中的利弊，不去妄图刻意地控制谁，也不要强行性地要求别人按照自己的想法行

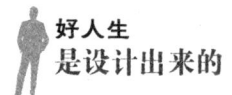

动。我们需要以更开放的角度去审视自己身边一段又一段的友谊,不至于成为别人的情感负担,也尽可能不去因为一些小事影响别人。我们需要拿出更多的热忱去善待对方的需求,把对方的困境当成是自己的困境,我们需要思考怎样的方式才算得上恰如其分,情感到位,行动到位,关切到位,协助到位,一切都是刚刚好的距离,一分不多一分不少。

事实上,能把这件事做完美的人并不多,它需要我们在社交场上不断地去见习,不断地增长自己的阅历。我们需要以别人的角度理解他们的世界,如若这时,你硬是要以自己的模式解决问题,那很可能会搞砸一切,费了半天力气,依旧是无法赢得对方的感激和欢心。